This Address Book belongs to:

_____

Copyright 2019
All rights reserved

"It's never too early to plan for Christmas"

NAME & ADDRESS						
	YEAR					
	SENT	○	○	○	○	○
	REC'D	○	○	○	○	○
NAME & ADDRESS						
	YEAR					
	SENT	○	○	○	○	○
	REC'D	○	○	○	○	○
NAME & ADDRESS						
	YEAR					
	SENT	○	○	○	○	○
	REC'D	○	○	○	○	○
NAME & ADDRESS						
	YEAR					
	SENT	○	○	○	○	○
	REC'D	○	○	○	○	○
NAME & ADDRESS						
	YEAR					
	SENT	○	○	○	○	○
	REC'D	○	○	○	○	○
NAME & ADDRESS						
	YEAR					
	SENT	○	○	○	○	○
	REC'D	○	○	○	○	○
NAME & ADDRESS						
	YEAR					
	SENT	○	○	○	○	○
	REC'D	○	○	○	○	○
NAME & ADDRESS						
	YEAR					
	SENT	○	○	○	○	○
	REC'D	○	○	○	○	○
NAME & ADDRESS						
	YEAR					
	SENT	○	○	○	○	○
	REC'D	○	○	○	○	○

NAME & ADDRESS	YEAR					
	SENT	○	○	○	○	○
	REC'D	○	○	○	○	○
NAME & ADDRESS	YEAR					
	SENT	○	○	○	○	○
	REC'D	○	○	○	○	○
NAME & ADDRESS	YEAR					
	SENT	○	○	○	○	○
	REC'D	○	○	○	○	○
NAME & ADDRESS	YEAR					
	SENT	○	○	○	○	○
	REC'D	○	○	○	○	○
NAME & ADDRESS	YEAR					
	SENT	○	○	○	○	○
	REC'D	○	○	○	○	○
NAME & ADDRESS	YEAR					
	SENT	○	○	○	○	○
	REC'D	○	○	○	○	○
NAME & ADDRESS	YEAR					
	SENT	○	○	○	○	○
	REC'D	○	○	○	○	○
NAME & ADDRESS	YEAR					
	SENT	○	○	○	○	○
	REC'D	○	○	○	○	○
NAME & ADDRESS	YEAR					
	SENT	○	○	○	○	○
	REC'D	○	○	○	○	○

A

A

NAME & ADDRESS	YEAR					
	SENT	○	○	○	○	○
	REC'D	○	○	○	○	○
NAME & ADDRESS	YEAR					
	SENT	○	○	○	○	○
	REC'D	○	○	○	○	○
NAME & ADDRESS	YEAR					
	SENT	○	○	○	○	○
	REC'D	○	○	○	○	○
NAME & ADDRESS	YEAR					
	SENT	○	○	○	○	○
	REC'D	○	○	○	○	○
NAME & ADDRESS	YEAR					
	SENT	○	○	○	○	○
	REC'D	○	○	○	○	○
NAME & ADDRESS	YEAR					
	SENT	○	○	○	○	○
	REC'D	○	○	○	○	○
NAME & ADDRESS	YEAR					
	SENT	○	○	○	○	○
	REC'D	○	○	○	○	○
NAME & ADDRESS	YEAR					
	SENT	○	○	○	○	○
	REC'D	○	○	○	○	○
NAME & ADDRESS	YEAR					
	SENT	○	○	○	○	○
	REC'D	○	○	○	○	○

NAME & ADDRESS	YEAR					
	SENT	○	○	○	○	○
	REC'D	○	○	○	○	○
NAME & ADDRESS	YEAR					
	SENT	○	○	○	○	○
	REC'D	○	○	○	○	○
NAME & ADDRESS	YEAR					
	SENT	○	○	○	○	○
	REC'D	○	○	○	○	○
NAME & ADDRESS	YEAR					
	SENT	○	○	○	○	○
	REC'D	○	○	○	○	○
NAME & ADDRESS	YEAR					
	SENT	○	○	○	○	○
	REC'D	○	○	○	○	○
NAME & ADDRESS	YEAR					
	SENT	○	○	○	○	○
	REC'D	○	○	○	○	○
NAME & ADDRESS	YEAR					
	SENT	○	○	○	○	○
	REC'D	○	○	○	○	○
NAME & ADDRESS	YEAR					
	SENT	○	○	○	○	○
	REC'D	○	○	○	○	○
NAME & ADDRESS	YEAR					
	SENT	○	○	○	○	○
	REC'D	○	○	○	○	○

A

NAME & ADDRESS	YEAR					
	SENT	○	○	○	○	○
	REC'D	○	○	○	○	○
NAME & ADDRESS	YEAR					
	SENT	○	○	○	○	○
	REC'D	○	○	○	○	○
NAME & ADDRESS	YEAR					
	SENT	○	○	○	○	○
	REC'D	○	○	○	○	○
NAME & ADDRESS	YEAR					
	SENT	○	○	○	○	○
	REC'D	○	○	○	○	○
NAME & ADDRESS	YEAR					
	SENT	○	○	○	○	○
	REC'D	○	○	○	○	○
NAME & ADDRESS	YEAR					
	SENT	○	○	○	○	○
	REC'D	○	○	○	○	○
NAME & ADDRESS	YEAR					
	SENT	○	○	○	○	○
	REC'D	○	○	○	○	○
NAME & ADDRESS	YEAR					
	SENT	○	○	○	○	○
	REC'D	○	○	○	○	○
NAME & ADDRESS	YEAR					
	SENT	○	○	○	○	○
	REC'D	○	○	○	○	○

NAME & ADDRESS	YEAR					
	SENT	○	○	○	○	○
	REC'D	○	○	○	○	○
NAME & ADDRESS	YEAR					
	SENT	○	○	○	○	○
	REC'D	○	○	○	○	○
NAME & ADDRESS	YEAR					
	SENT	○	○	○	○	○
	REC'D	○	○	○	○	○
NAME & ADDRESS	YEAR					
	SENT	○	○	○	○	○
	REC'D	○	○	○	○	○
NAME & ADDRESS	YEAR					
	SENT	○	○	○	○	○
	REC'D	○	○	○	○	○
NAME & ADDRESS	YEAR					
	SENT	○	○	○	○	○
	REC'D	○	○	○	○	○
NAME & ADDRESS	YEAR					
	SENT	○	○	○	○	○
	REC'D	○	○	○	○	○
NAME & ADDRESS	YEAR					
	SENT	○	○	○	○	○
	REC'D	○	○	○	○	○
NAME & ADDRESS	YEAR					
	SENT	○	○	○	○	○
	REC'D	○	○	○	○	○

B

NAME & ADDRESS	YEAR					
	SENT	○	○	○	○	○
	REC'D	○	○	○	○	○
NAME & ADDRESS	YEAR					
	SENT	○	○	○	○	○
	REC'D	○	○	○	○	○
NAME & ADDRESS	YEAR					
	SENT	○	○	○	○	○
	REC'D	○	○	○	○	○
NAME & ADDRESS	YEAR					
	SENT	○	○	○	○	○
	REC'D	○	○	○	○	○
NAME & ADDRESS	YEAR					
	SENT	○	○	○	○	○
	REC'D	○	○	○	○	○
NAME & ADDRESS	YEAR					
	SENT	○	○	○	○	○
	REC'D	○	○	○	○	○
NAME & ADDRESS	YEAR					
	SENT	○	○	○	○	○
	REC'D	○	○	○	○	○
NAME & ADDRESS	YEAR					
	SENT	○	○	○	○	○
	REC'D	○	○	○	○	○
NAME & ADDRESS	YEAR					
	SENT	○	○	○	○	○
	REC'D	○	○	○	○	○

NAME & ADDRESS	YEAR					
	SENT	○	○	○	○	○
	REC'D	○	○	○	○	○
NAME & ADDRESS	YEAR					
	SENT	○	○	○	○	○
	REC'D	○	○	○	○	○
NAME & ADDRESS	YEAR					
	SENT	○	○	○	○	○
	REC'D	○	○	○	○	○
NAME & ADDRESS	YEAR					
	SENT	○	○	○	○	○
	REC'D	○	○	○	○	○
NAME & ADDRESS	YEAR					
	SENT	○	○	○	○	○
	REC'D	○	○	○	○	○
NAME & ADDRESS	YEAR					
	SENT	○	○	○	○	○
	REC'D	○	○	○	○	○
NAME & ADDRESS	YEAR					
	SENT	○	○	○	○	○
	REC'D	○	○	○	○	○
NAME & ADDRESS	YEAR					
	SENT	○	○	○	○	○
	REC'D	○	○	○	○	○
NAME & ADDRESS	YEAR					
	SENT	○	○	○	○	○
	REC'D	○	○	○	○	○

C

NAME & ADDRESS	YEAR					
	SENT	○	○	○	○	○
	REC'D	○	○	○	○	○

NAME & ADDRESS	YEAR					
	SENT	○	○	○	○	○
	REC'D	○	○	○	○	○

NAME & ADDRESS	YEAR					
	SENT	○	○	○	○	○
	REC'D	○	○	○	○	○

NAME & ADDRESS	YEAR					
	SENT	○	○	○	○	○
	REC'D	○	○	○	○	○

NAME & ADDRESS	YEAR					
	SENT	○	○	○	○	○
	REC'D	○	○	○	○	○

NAME & ADDRESS	YEAR					
	SENT	○	○	○	○	○
	REC'D	○	○	○	○	○

NAME & ADDRESS	YEAR					
	SENT	○	○	○	○	○
	REC'D	○	○	○	○	○

NAME & ADDRESS	YEAR					
	SENT	○	○	○	○	○
	REC'D	○	○	○	○	○

NAME & ADDRESS	YEAR					
	SENT	○	○	○	○	○
	REC'D	○	○	○	○	○

NAME & ADDRESS	YEAR					
	SENT	○	○	○	○	○
	REC'D	○	○	○	○	○
NAME & ADDRESS	YEAR					
	SENT	○	○	○	○	○
	REC'D	○	○	○	○	○
NAME & ADDRESS	YEAR					
	SENT	○	○	○	○	○
	REC'D	○	○	○	○	○
NAME & ADDRESS	YEAR					
	SENT	○	○	○	○	○
	REC'D	○	○	○	○	○
NAME & ADDRESS	YEAR					
	SENT	○	○	○	○	○
	REC'D	○	○	○	○	○
NAME & ADDRESS	YEAR					
	SENT	○	○	○	○	○
	REC'D	○	○	○	○	○
NAME & ADDRESS	YEAR					
	SENT	○	○	○	○	○
	REC'D	○	○	○	○	○
NAME & ADDRESS	YEAR					
	SENT	○	○	○	○	○
	REC'D	○	○	○	○	○
NAME & ADDRESS	YEAR					
	SENT	○	○	○	○	○
	REC'D	○	○	○	○	○

C

C

NAME & ADDRESS	YEAR					
	SENT	○	○	○	○	○
	REC'D	○	○	○	○	○
NAME & ADDRESS	YEAR					
	SENT	○	○	○	○	○
	REC'D	○	○	○	○	○
NAME & ADDRESS	YEAR					
	SENT	○	○	○	○	○
	REC'D	○	○	○	○	○
NAME & ADDRESS	YEAR					
	SENT	○	○	○	○	○
	REC'D	○	○	○	○	○
NAME & ADDRESS	YEAR					
	SENT	○	○	○	○	○
	REC'D	○	○	○	○	○
NAME & ADDRESS	YEAR					
	SENT	○	○	○	○	○
	REC'D	○	○	○	○	○
NAME & ADDRESS	YEAR					
	SENT	○	○	○	○	○
	REC'D	○	○	○	○	○
NAME & ADDRESS	YEAR					
	SENT	○	○	○	○	○
	REC'D	○	○	○	○	○
NAME & ADDRESS	YEAR					
	SENT	○	○	○	○	○
	REC'D	○	○	○	○	○

NAME & ADDRESS	YEAR					
	SENT	○	○	○	○	○
	REC'D	○	○	○	○	○
NAME & ADDRESS	YEAR					
	SENT	○	○	○	○	○
	REC'D	○	○	○	○	○
NAME & ADDRESS	YEAR					
	SENT	○	○	○	○	○
	REC'D	○	○	○	○	○
NAME & ADDRESS	YEAR					
	SENT	○	○	○	○	○
	REC'D	○	○	○	○	○
NAME & ADDRESS	YEAR					
	SENT	○	○	○	○	○
	REC'D	○	○	○	○	○
NAME & ADDRESS	YEAR					
	SENT	○	○	○	○	○
	REC'D	○	○	○	○	○
NAME & ADDRESS	YEAR					
	SENT	○	○	○	○	○
	REC'D	○	○	○	○	○
NAME & ADDRESS	YEAR					
	SENT	○	○	○	○	○
	REC'D	○	○	○	○	○
NAME & ADDRESS	YEAR					
	SENT	○	○	○	○	○
	REC'D	○	○	○	○	○

NAME & ADDRESS	YEAR					
	SENT	○	○	○	○	○
	REC'D	○	○	○	○	○
NAME & ADDRESS	YEAR					
	SENT	○	○	○	○	○
	REC'D	○	○	○	○	○
NAME & ADDRESS	YEAR					
	SENT	○	○	○	○	○
	REC'D	○	○	○	○	○
NAME & ADDRESS	YEAR					
	SENT	○	○	○	○	○
	REC'D	○	○	○	○	○
NAME & ADDRESS	YEAR					
	SENT	○	○	○	○	○
	REC'D	○	○	○	○	○
NAME & ADDRESS	YEAR					
	SENT	○	○	○	○	○
	REC'D	○	○	○	○	○
NAME & ADDRESS	YEAR					
	SENT	○	○	○	○	○
	REC'D	○	○	○	○	○
NAME & ADDRESS	YEAR					
	SENT	○	○	○	○	○
	REC'D	○	○	○	○	○
NAME & ADDRESS	YEAR					
	SENT	○	○	○	○	○
	REC'D	○	○	○	○	○

NAME & ADDRESS	YEAR					
	SENT	○	○	○	○	○
	REC'D	○	○	○	○	○
NAME & ADDRESS	YEAR					
	SENT	○	○	○	○	○
	REC'D	○	○	○	○	○
NAME & ADDRESS	YEAR					
	SENT	○	○	○	○	○
	REC'D	○	○	○	○	○
NAME & ADDRESS	YEAR					
	SENT	○	○	○	○	○
	REC'D	○	○	○	○	○
NAME & ADDRESS	YEAR					
	SENT	○	○	○	○	○
	REC'D	○	○	○	○	○
NAME & ADDRESS	YEAR					
	SENT	○	○	○	○	○
	REC'D	○	○	○	○	○
NAME & ADDRESS	YEAR					
	SENT	○	○	○	○	○
	REC'D	○	○	○	○	○
NAME & ADDRESS	YEAR					
	SENT	○	○	○	○	○
	REC'D	○	○	○	○	○
NAME & ADDRESS	YEAR					
	SENT	○	○	○	○	○
	REC'D	○	○	○	○	○

D

NAME & ADDRESS	YEAR					
	SENT	○	○	○	○	○
	REC'D	○	○	○	○	○
NAME & ADDRESS	YEAR					
	SENT	○	○	○	○	○
	REC'D	○	○	○	○	○
NAME & ADDRESS	YEAR					
	SENT	○	○	○	○	○
	REC'D	○	○	○	○	○
NAME & ADDRESS	YEAR					
	SENT	○	○	○	○	○
	REC'D	○	○	○	○	○
NAME & ADDRESS	YEAR					
	SENT	○	○	○	○	○
	REC'D	○	○	○	○	○
NAME & ADDRESS	YEAR					
	SENT	○	○	○	○	○
	REC'D	○	○	○	○	○
NAME & ADDRESS	YEAR					
	SENT	○	○	○	○	○
	REC'D	○	○	○	○	○
NAME & ADDRESS	YEAR					
	SENT	○	○	○	○	○
	REC'D	○	○	○	○	○
NAME & ADDRESS	YEAR					
	SENT	○	○	○	○	○
	REC'D	○	○	○	○	○

NAME & ADDRESS	YEAR					
	SENT	○	○	○	○	○
	REC'D	○	○	○	○	○
NAME & ADDRESS	YEAR					
	SENT	○	○	○	○	○
	REC'D	○	○	○	○	○
NAME & ADDRESS	YEAR					
	SENT	○	○	○	○	○
	REC'D	○	○	○	○	○
NAME & ADDRESS	YEAR					
	SENT	○	○	○	○	○
	REC'D	○	○	○	○	○
NAME & ADDRESS	YEAR					
	SENT	○	○	○	○	○
	REC'D	○	○	○	○	○
NAME & ADDRESS	YEAR					
	SENT	○	○	○	○	○
	REC'D	○	○	○	○	○
NAME & ADDRESS	YEAR					
	SENT	○	○	○	○	○
	REC'D	○	○	○	○	○
NAME & ADDRESS	YEAR					
	SENT	○	○	○	○	○
	REC'D	○	○	○	○	○
NAME & ADDRESS	YEAR					
	SENT	○	○	○	○	○
	REC'D	○	○	○	○	○

E

NAME & ADDRESS	YEAR					
	SENT	○	○	○	○	○
	REC'D	○	○	○	○	○
NAME & ADDRESS	YEAR					
	SENT	○	○	○	○	○
	REC'D	○	○	○	○	○
NAME & ADDRESS	YEAR					
	SENT	○	○	○	○	○
	REC'D	○	○	○	○	○
NAME & ADDRESS	YEAR					
	SENT	○	○	○	○	○
	REC'D	○	○	○	○	○
NAME & ADDRESS	YEAR					
	SENT	○	○	○	○	○
	REC'D	○	○	○	○	○
NAME & ADDRESS	YEAR					
	SENT	○	○	○	○	○
	REC'D	○	○	○	○	○
NAME & ADDRESS	YEAR					
	SENT	○	○	○	○	○
	REC'D	○	○	○	○	○
NAME & ADDRESS	YEAR					
	SENT	○	○	○	○	○
	REC'D	○	○	○	○	○
NAME & ADDRESS	YEAR					
	SENT	○	○	○	○	○
	REC'D	○	○	○	○	○

NAME & ADDRESS	YEAR					
	SENT	○	○	○	○	○
	REC'D	○	○	○	○	○
NAME & ADDRESS	YEAR					
	SENT	○	○	○	○	○
	REC'D	○	○	○	○	○
NAME & ADDRESS	YEAR					
	SENT	○	○	○	○	○
	REC'D	○	○	○	○	○
NAME & ADDRESS	YEAR					
	SENT	○	○	○	○	○
	REC'D	○	○	○	○	○
NAME & ADDRESS	YEAR					
	SENT	○	○	○	○	○
	REC'D	○	○	○	○	○
NAME & ADDRESS	YEAR					
	SENT	○	○	○	○	○
	REC'D	○	○	○	○	○
NAME & ADDRESS	YEAR					
	SENT	○	○	○	○	○
	REC'D	○	○	○	○	○
NAME & ADDRESS	YEAR					
	SENT	○	○	○	○	○
	REC'D	○	○	○	○	○
NAME & ADDRESS	YEAR					
	SENT	○	○	○	○	○
	REC'D	○	○	○	○	○

E

NAME & ADDRESS	YEAR SENT	○	○	○	○	○
	REC'D	○	○	○	○	○
NAME & ADDRESS	YEAR SENT	○	○	○	○	○
	REC'D	○	○	○	○	○
NAME & ADDRESS	YEAR SENT	○	○	○	○	○
	REC'D	○	○	○	○	○
NAME & ADDRESS	YEAR SENT	○	○	○	○	○
	REC'D	○	○	○	○	○
NAME & ADDRESS	YEAR SENT	○	○	○	○	○
	REC'D	○	○	○	○	○
NAME & ADDRESS	YEAR SENT	○	○	○	○	○
	REC'D	○	○	○	○	○
NAME & ADDRESS	YEAR SENT	○	○	○	○	○
	REC'D	○	○	○	○	○
NAME & ADDRESS	YEAR SENT	○	○	○	○	○
	REC'D	○	○	○	○	○
NAME & ADDRESS	YEAR SENT	○	○	○	○	○
	REC'D	○	○	○	○	○

NAME & ADDRESS	YEAR					
	SENT	○	○	○	○	○
	REC'D	○	○	○	○	○
NAME & ADDRESS	YEAR					
	SENT	○	○	○	○	○
	REC'D	○	○	○	○	○
NAME & ADDRESS	YEAR					
	SENT	○	○	○	○	○
	REC'D	○	○	○	○	○
NAME & ADDRESS	YEAR					
	SENT	○	○	○	○	○
	REC'D	○	○	○	○	○
NAME & ADDRESS	YEAR					
	SENT	○	○	○	○	○
	REC'D	○	○	○	○	○
NAME & ADDRESS	YEAR					
	SENT	○	○	○	○	○
	REC'D	○	○	○	○	○
NAME & ADDRESS	YEAR					
	SENT	○	○	○	○	○
	REC'D	○	○	○	○	○
NAME & ADDRESS	YEAR					
	SENT	○	○	○	○	○
	REC'D	○	○	○	○	○
NAME & ADDRESS	YEAR					
	SENT	○	○	○	○	○
	REC'D	○	○	○	○	○

E

NAME & ADDRESS	YEAR					
	SENT	○	○	○	○	○
	REC'D	○	○	○	○	○
NAME & ADDRESS	YEAR					
	SENT	○	○	○	○	○
	REC'D	○	○	○	○	○
NAME & ADDRESS	YEAR					
	SENT	○	○	○	○	○
	REC'D	○	○	○	○	○
NAME & ADDRESS	YEAR					
	SENT	○	○	○	○	○
	REC'D	○	○	○	○	○
NAME & ADDRESS	YEAR					
	SENT	○	○	○	○	○
	REC'D	○	○	○	○	○
NAME & ADDRESS	YEAR					
	SENT	○	○	○	○	○
	REC'D	○	○	○	○	○
NAME & ADDRESS	YEAR					
	SENT	○	○	○	○	○
	REC'D	○	○	○	○	○
NAME & ADDRESS	YEAR					
	SENT	○	○	○	○	○
	REC'D	○	○	○	○	○
NAME & ADDRESS	YEAR					
	SENT	○	○	○	○	○
	REC'D	○	○	○	○	○

F

F

NAME & ADDRESS	YEAR					
	SENT	○	○	○	○	○
	REC'D	○	○	○	○	○
NAME & ADDRESS	YEAR					
	SENT	○	○	○	○	○
	REC'D	○	○	○	○	○
NAME & ADDRESS	YEAR					
	SENT	○	○	○	○	○
	REC'D	○	○	○	○	○
NAME & ADDRESS	YEAR					
	SENT	○	○	○	○	○
	REC'D	○	○	○	○	○
NAME & ADDRESS	YEAR					
	SENT	○	○	○	○	○
	REC'D	○	○	○	○	○
NAME & ADDRESS	YEAR					
	SENT	○	○	○	○	○
	REC'D	○	○	○	○	○
NAME & ADDRESS	YEAR					
	SENT	○	○	○	○	○
	REC'D	○	○	○	○	○
NAME & ADDRESS	YEAR					
	SENT	○	○	○	○	○
	REC'D	○	○	○	○	○
NAME & ADDRESS	YEAR					
	SENT	○	○	○	○	○
	REC'D	○	○	○	○	○

NAME & ADDRESS						
	YEAR					
	SENT	○	○	○	○	○
	REC'D	○	○	○	○	○

NAME & ADDRESS						
	YEAR					
	SENT	○	○	○	○	○
	REC'D	○	○	○	○	○

NAME & ADDRESS						
	YEAR					
	SENT	○	○	○	○	○
	REC'D	○	○	○	○	○

NAME & ADDRESS						
	YEAR					
	SENT	○	○	○	○	○
	REC'D	○	○	○	○	○

NAME & ADDRESS						
	YEAR					
	SENT	○	○	○	○	○
	REC'D	○	○	○	○	○

NAME & ADDRESS						
	YEAR					
	SENT	○	○	○	○	○
	REC'D	○	○	○	○	○

NAME & ADDRESS						
	YEAR					
	SENT	○	○	○	○	○
	REC'D	○	○	○	○	○

NAME & ADDRESS						
	YEAR					
	SENT	○	○	○	○	○
	REC'D	○	○	○	○	○

NAME & ADDRESS						
	YEAR					
	SENT	○	○	○	○	○
	REC'D	○	○	○	○	○

NAME & ADDRESS	YEAR					
	SENT	○	○	○	○	○
	REC'D	○	○	○	○	○
NAME & ADDRESS	YEAR					
	SENT	○	○	○	○	○
	REC'D	○	○	○	○	○
NAME & ADDRESS	YEAR					
	SENT	○	○	○	○	○
	REC'D	○	○	○	○	○
NAME & ADDRESS	YEAR					
	SENT	○	○	○	○	○
	REC'D	○	○	○	○	○
NAME & ADDRESS	YEAR					
	SENT	○	○	○	○	○
	REC'D	○	○	○	○	○
NAME & ADDRESS	YEAR					
	SENT	○	○	○	○	○
	REC'D	○	○	○	○	○
NAME & ADDRESS	YEAR					
	SENT	○	○	○	○	○
	REC'D	○	○	○	○	○
NAME & ADDRESS	YEAR					
	SENT	○	○	○	○	○
	REC'D	○	○	○	○	○
NAME & ADDRESS	YEAR					
	SENT	○	○	○	○	○
	REC'D	○	○	○	○	○

NAME & ADDRESS	YEAR					
	SENT	○	○	○	○	○
	REC'D	○	○	○	○	○
NAME & ADDRESS	YEAR					
	SENT	○	○	○	○	○
	REC'D	○	○	○	○	○
NAME & ADDRESS	YEAR					
	SENT	○	○	○	○	○
	REC'D	○	○	○	○	○
NAME & ADDRESS	YEAR					
	SENT	○	○	○	○	○
	REC'D	○	○	○	○	○
NAME & ADDRESS	YEAR					
	SENT	○	○	○	○	○
	REC'D	○	○	○	○	○
NAME & ADDRESS	YEAR					
	SENT	○	○	○	○	○
	REC'D	○	○	○	○	○
NAME & ADDRESS	YEAR					
	SENT	○	○	○	○	○
	REC'D	○	○	○	○	○
NAME & ADDRESS	YEAR					
	SENT	○	○	○	○	○
	REC'D	○	○	○	○	○
NAME & ADDRESS	YEAR					
	SENT	○	○	○	○	○
	REC'D	○	○	○	○	○

NAME & ADDRESS	YEAR					
	SENT	○	○	○	○	○
	REC'D	○	○	○	○	○
NAME & ADDRESS	YEAR					
	SENT	○	○	○	○	○
	REC'D	○	○	○	○	○
NAME & ADDRESS	YEAR					
	SENT	○	○	○	○	○
	REC'D	○	○	○	○	○
NAME & ADDRESS	YEAR					
	SENT	○	○	○	○	○
	REC'D	○	○	○	○	○
NAME & ADDRESS	YEAR					
	SENT	○	○	○	○	○
	REC'D	○	○	○	○	○
NAME & ADDRESS	YEAR					
	SENT	○	○	○	○	○
	REC'D	○	○	○	○	○
NAME & ADDRESS	YEAR					
	SENT	○	○	○	○	○
	REC'D	○	○	○	○	○
NAME & ADDRESS	YEAR					
	SENT	○	○	○	○	○
	REC'D	○	○	○	○	○
NAME & ADDRESS	YEAR					
	SENT	○	○	○	○	○
	REC'D	○	○	○	○	○

G

G

NAME & ADDRESS	YEAR					
	SENT	○	○	○	○	○
	REC'D	○	○	○	○	○
NAME & ADDRESS	YEAR					
	SENT	○	○	○	○	○
	REC'D	○	○	○	○	○
NAME & ADDRESS	YEAR					
	SENT	○	○	○	○	○
	REC'D	○	○	○	○	○
NAME & ADDRESS	YEAR					
	SENT	○	○	○	○	○
	REC'D	○	○	○	○	○
NAME & ADDRESS	YEAR					
	SENT	○	○	○	○	○
	REC'D	○	○	○	○	○
NAME & ADDRESS	YEAR					
	SENT	○	○	○	○	○
	REC'D	○	○	○	○	○
NAME & ADDRESS	YEAR					
	SENT	○	○	○	○	○
	REC'D	○	○	○	○	○
NAME & ADDRESS	YEAR					
	SENT	○	○	○	○	○
	REC'D	○	○	○	○	○
NAME & ADDRESS	YEAR					
	SENT	○	○	○	○	○
	REC'D	○	○	○	○	○

NAME & ADDRESS	YEAR					
	SENT	○	○	○	○	○
	REC'D	○	○	○	○	○
NAME & ADDRESS	YEAR					
	SENT	○	○	○	○	○
	REC'D	○	○	○	○	○
NAME & ADDRESS	YEAR					
	SENT	○	○	○	○	○
	REC'D	○	○	○	○	○
NAME & ADDRESS	YEAR					
	SENT	○	○	○	○	○
	REC'D	○	○	○	○	○
NAME & ADDRESS	YEAR					
	SENT	○	○	○	○	○
	REC'D	○	○	○	○	○
NAME & ADDRESS	YEAR					
	SENT	○	○	○	○	○
	REC'D	○	○	○	○	○
NAME & ADDRESS	YEAR					
	SENT	○	○	○	○	○
	REC'D	○	○	○	○	○
NAME & ADDRESS	YEAR					
	SENT	○	○	○	○	○
	REC'D	○	○	○	○	○
NAME & ADDRESS	YEAR					
	SENT	○	○	○	○	○
	REC'D	○	○	○	○	○

G

NAME & ADDRESS	YEAR					
	SENT	○	○	○	○	○
	REC'D	○	○	○	○	○
NAME & ADDRESS	YEAR					
	SENT	○	○	○	○	○
	REC'D	○	○	○	○	○
NAME & ADDRESS	YEAR					
	SENT	○	○	○	○	○
	REC'D	○	○	○	○	○
NAME & ADDRESS	YEAR					
	SENT	○	○	○	○	○
	REC'D	○	○	○	○	○
NAME & ADDRESS	YEAR					
	SENT	○	○	○	○	○
	REC'D	○	○	○	○	○
NAME & ADDRESS	YEAR					
	SENT	○	○	○	○	○
	REC'D	○	○	○	○	○
NAME & ADDRESS	YEAR					
	SENT	○	○	○	○	○
	REC'D	○	○	○	○	○
NAME & ADDRESS	YEAR					
	SENT	○	○	○	○	○
	REC'D	○	○	○	○	○
NAME & ADDRESS	YEAR					
	SENT	○	○	○	○	○
	REC'D	○	○	○	○	○

H

NAME & ADDRESS	YEAR					
	SENT	○	○	○	○	○
	REC'D	○	○	○	○	○
NAME & ADDRESS	YEAR					
	SENT	○	○	○	○	○
	REC'D	○	○	○	○	○
NAME & ADDRESS	YEAR					
	SENT	○	○	○	○	○
	REC'D	○	○	○	○	○
NAME & ADDRESS	YEAR					
	SENT	○	○	○	○	○
	REC'D	○	○	○	○	○
NAME & ADDRESS	YEAR					
	SENT	○	○	○	○	○
	REC'D	○	○	○	○	○
NAME & ADDRESS	YEAR					
	SENT	○	○	○	○	○
	REC'D	○	○	○	○	○
NAME & ADDRESS	YEAR					
	SENT	○	○	○	○	○
	REC'D	○	○	○	○	○
NAME & ADDRESS	YEAR					
	SENT	○	○	○	○	○
	REC'D	○	○	○	○	○
NAME & ADDRESS	YEAR					
	SENT	○	○	○	○	○
	REC'D	○	○	○	○	○

NAME & ADDRESS	YEAR					
	SENT	○	○	○	○	○
	REC'D	○	○	○	○	○
NAME & ADDRESS	YEAR					
	SENT	○	○	○	○	○
	REC'D	○	○	○	○	○
NAME & ADDRESS	YEAR					
	SENT	○	○	○	○	○
	REC'D	○	○	○	○	○
NAME & ADDRESS	YEAR					
	SENT	○	○	○	○	○
	REC'D	○	○	○	○	○
NAME & ADDRESS	YEAR					
	SENT	○	○	○	○	○
	REC'D	○	○	○	○	○
NAME & ADDRESS	YEAR					
	SENT	○	○	○	○	○
	REC'D	○	○	○	○	○
NAME & ADDRESS	YEAR					
	SENT	○	○	○	○	○
	REC'D	○	○	○	○	○
NAME & ADDRESS	YEAR					
	SENT	○	○	○	○	○
	REC'D	○	○	○	○	○
NAME & ADDRESS	YEAR					
	SENT	○	○	○	○	○
	REC'D	○	○	○	○	○

NAME & ADDRESS	YEAR					
	SENT	○	○	○	○	○
	REC'D	○	○	○	○	○
NAME & ADDRESS	YEAR					
	SENT	○	○	○	○	○
	REC'D	○	○	○	○	○
NAME & ADDRESS	YEAR					
	SENT	○	○	○	○	○
	REC'D	○	○	○	○	○
NAME & ADDRESS	YEAR					
	SENT	○	○	○	○	○
	REC'D	○	○	○	○	○
NAME & ADDRESS	YEAR					
	SENT	○	○	○	○	○
	REC'D	○	○	○	○	○
NAME & ADDRESS	YEAR					
	SENT	○	○	○	○	○
	REC'D	○	○	○	○	○
NAME & ADDRESS	YEAR					
	SENT	○	○	○	○	○
	REC'D	○	○	○	○	○
NAME & ADDRESS	YEAR					
	SENT	○	○	○	○	○
	REC'D	○	○	○	○	○
NAME & ADDRESS	YEAR					
	SENT	○	○	○	○	○
	REC'D	○	○	○	○	○

H

NAME & ADDRESS	YEAR					
	SENT	○	○	○	○	○
	REC'D	○	○	○	○	○
NAME & ADDRESS	YEAR					
	SENT	○	○	○	○	○
	REC'D	○	○	○	○	○
NAME & ADDRESS	YEAR					
	SENT	○	○	○	○	○
	REC'D	○	○	○	○	○
NAME & ADDRESS	YEAR					
	SENT	○	○	○	○	○
	REC'D	○	○	○	○	○
NAME & ADDRESS	YEAR					
	SENT	○	○	○	○	○
	REC'D	○	○	○	○	○
NAME & ADDRESS	YEAR					
	SENT	○	○	○	○	○
	REC'D	○	○	○	○	○
NAME & ADDRESS	YEAR					
	SENT	○	○	○	○	○
	REC'D	○	○	○	○	○
NAME & ADDRESS	YEAR					
	SENT	○	○	○	○	○
	REC'D	○	○	○	○	○
NAME & ADDRESS	YEAR					
	SENT	○	○	○	○	○
	REC'D	○	○	○	○	○

NAME & ADDRESS	YEAR					
	SENT	○	○	○	○	○
	REC'D	○	○	○	○	○
NAME & ADDRESS	YEAR					
	SENT	○	○	○	○	○
	REC'D	○	○	○	○	○
NAME & ADDRESS	YEAR					
	SENT	○	○	○	○	○
	REC'D	○	○	○	○	○
NAME & ADDRESS	YEAR					
	SENT	○	○	○	○	○
	REC'D	○	○	○	○	○
NAME & ADDRESS	YEAR					
	SENT	○	○	○	○	○
	REC'D	○	○	○	○	○
NAME & ADDRESS	YEAR					
	SENT	○	○	○	○	○
	REC'D	○	○	○	○	○
NAME & ADDRESS	YEAR					
	SENT	○	○	○	○	○
	REC'D	○	○	○	○	○
NAME & ADDRESS	YEAR					
	SENT	○	○	○	○	○
	REC'D	○	○	○	○	○
NAME & ADDRESS	YEAR					
	SENT	○	○	○	○	○
	REC'D	○	○	○	○	○

NAME & ADDRESS	YEAR SENT	○	○	○	○	○
	REC'D	○	○	○	○	○
NAME & ADDRESS	YEAR SENT	○	○	○	○	○
	REC'D	○	○	○	○	○
NAME & ADDRESS	YEAR SENT	○	○	○	○	○
	REC'D	○	○	○	○	○
NAME & ADDRESS	YEAR SENT	○	○	○	○	○
	REC'D	○	○	○	○	○
NAME & ADDRESS	YEAR SENT	○	○	○	○	○
	REC'D	○	○	○	○	○
NAME & ADDRESS	YEAR SENT	○	○	○	○	○
	REC'D	○	○	○	○	○
NAME & ADDRESS	YEAR SENT	○	○	○	○	○
	REC'D	○	○	○	○	○
NAME & ADDRESS	YEAR SENT	○	○	○	○	○
	REC'D	○	○	○	○	○
NAME & ADDRESS	YEAR SENT	○	○	○	○	○
	REC'D	○	○	○	○	○

NAME & ADDRESS	YEAR					
	SENT	○	○	○	○	○
	REC'D	○	○	○	○	○
NAME & ADDRESS	YEAR					
	SENT	○	○	○	○	○
	REC'D	○	○	○	○	○
NAME & ADDRESS	YEAR					
	SENT	○	○	○	○	○
	REC'D	○	○	○	○	○
NAME & ADDRESS	YEAR					
	SENT	○	○	○	○	○
	REC'D	○	○	○	○	○
NAME & ADDRESS	YEAR					
	SENT	○	○	○	○	○
	REC'D	○	○	○	○	○
NAME & ADDRESS	YEAR					
	SENT	○	○	○	○	○
	REC'D	○	○	○	○	○
NAME & ADDRESS	YEAR					
	SENT	○	○	○	○	○
	REC'D	○	○	○	○	○
NAME & ADDRESS	YEAR					
	SENT	○	○	○	○	○
	REC'D	○	○	○	○	○
NAME & ADDRESS	YEAR					
	SENT	○	○	○	○	○
	REC'D	○	○	○	○	○

J

NAME & ADDRESS	YEAR					
	SENT	○	○	○	○	○
	REC'D	○	○	○	○	○

NAME & ADDRESS	YEAR					
	SENT	○	○	○	○	○
	REC'D	○	○	○	○	○

NAME & ADDRESS	YEAR					
	SENT	○	○	○	○	○
	REC'D	○	○	○	○	○

NAME & ADDRESS	YEAR					
	SENT	○	○	○	○	○
	REC'D	○	○	○	○	○

NAME & ADDRESS	YEAR					
	SENT	○	○	○	○	○
	REC'D	○	○	○	○	○

NAME & ADDRESS	YEAR					
	SENT	○	○	○	○	○
	REC'D	○	○	○	○	○

NAME & ADDRESS	YEAR					
	SENT	○	○	○	○	○
	REC'D	○	○	○	○	○

NAME & ADDRESS	YEAR					
	SENT	○	○	○	○	○
	REC'D	○	○	○	○	○

NAME & ADDRESS	YEAR					
	SENT	○	○	○	○	○
	REC'D	○	○	○	○	○

NAME & ADDRESS	YEAR					
	SENT	○	○	○	○	○
	REC'D	○	○	○	○	○
NAME & ADDRESS	YEAR					
	SENT	○	○	○	○	○
	REC'D	○	○	○	○	○
NAME & ADDRESS	YEAR					
	SENT	○	○	○	○	○
	REC'D	○	○	○	○	○
NAME & ADDRESS	YEAR					
	SENT	○	○	○	○	○
	REC'D	○	○	○	○	○
NAME & ADDRESS	YEAR					
	SENT	○	○	○	○	○
	REC'D	○	○	○	○	○
NAME & ADDRESS	YEAR					
	SENT	○	○	○	○	○
	REC'D	○	○	○	○	○
NAME & ADDRESS	YEAR					
	SENT	○	○	○	○	○
	REC'D	○	○	○	○	○
NAME & ADDRESS	YEAR					
	SENT	○	○	○	○	○
	REC'D	○	○	○	○	○
NAME & ADDRESS	YEAR					
	SENT	○	○	○	○	○
	REC'D	○	○	○	○	○

J

J

NAME & ADDRESS	YEAR					
	SENT	○	○	○	○	○
	REC'D	○	○	○	○	○
NAME & ADDRESS	YEAR					
	SENT	○	○	○	○	○
	REC'D	○	○	○	○	○
NAME & ADDRESS	YEAR					
	SENT	○	○	○	○	○
	REC'D	○	○	○	○	○
NAME & ADDRESS	YEAR					
	SENT	○	○	○	○	○
	REC'D	○	○	○	○	○
NAME & ADDRESS	YEAR					
	SENT	○	○	○	○	○
	REC'D	○	○	○	○	○
NAME & ADDRESS	YEAR					
	SENT	○	○	○	○	○
	REC'D	○	○	○	○	○
NAME & ADDRESS	YEAR					
	SENT	○	○	○	○	○
	REC'D	○	○	○	○	○
NAME & ADDRESS	YEAR					
	SENT	○	○	○	○	○
	REC'D	○	○	○	○	○
NAME & ADDRESS	YEAR					
	SENT	○	○	○	○	○
	REC'D	○	○	○	○	○

NAME & ADDRESS	YEAR					
	SENT	○	○	○	○	○
	REC'D	○	○	○	○	○
NAME & ADDRESS	YEAR					
	SENT	○	○	○	○	○
	REC'D	○	○	○	○	○
NAME & ADDRESS	YEAR					
	SENT	○	○	○	○	○
	REC'D	○	○	○	○	○
NAME & ADDRESS	YEAR					
	SENT	○	○	○	○	○
	REC'D	○	○	○	○	○
NAME & ADDRESS	YEAR					
	SENT	○	○	○	○	○
	REC'D	○	○	○	○	○
NAME & ADDRESS	YEAR					
	SENT	○	○	○	○	○
	REC'D	○	○	○	○	○
NAME & ADDRESS	YEAR					
	SENT	○	○	○	○	○
	REC'D	○	○	○	○	○
NAME & ADDRESS	YEAR					
	SENT	○	○	○	○	○
	REC'D	○	○	○	○	○
NAME & ADDRESS	YEAR					
	SENT	○	○	○	○	○
	REC'D	○	○	○	○	○

J

K

NAME & ADDRESS	YEAR					
	SENT	○	○	○	○	○
	REC'D	○	○	○	○	○
NAME & ADDRESS	YEAR					
	SENT	○	○	○	○	○
	REC'D	○	○	○	○	○
NAME & ADDRESS	YEAR					
	SENT	○	○	○	○	○
	REC'D	○	○	○	○	○
NAME & ADDRESS	YEAR					
	SENT	○	○	○	○	○
	REC'D	○	○	○	○	○
NAME & ADDRESS	YEAR					
	SENT	○	○	○	○	○
	REC'D	○	○	○	○	○
NAME & ADDRESS	YEAR					
	SENT	○	○	○	○	○
	REC'D	○	○	○	○	○
NAME & ADDRESS	YEAR					
	SENT	○	○	○	○	○
	REC'D	○	○	○	○	○
NAME & ADDRESS	YEAR					
	SENT	○	○	○	○	○
	REC'D	○	○	○	○	○
NAME & ADDRESS	YEAR					
	SENT	○	○	○	○	○
	REC'D	○	○	○	○	○

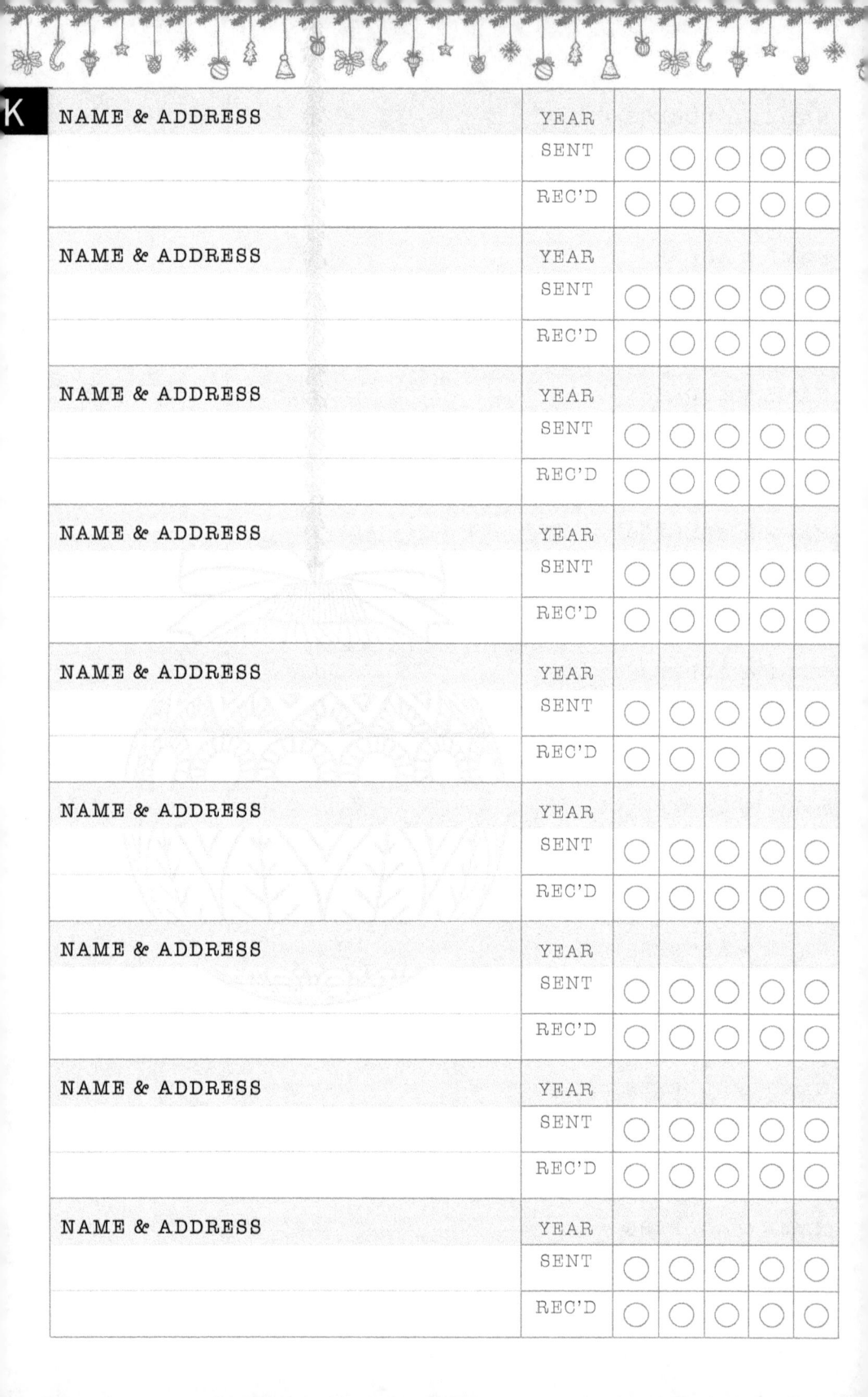

NAME & ADDRESS	YEAR					
	SENT	○	○	○	○	○
	REC'D	○	○	○	○	○
NAME & ADDRESS	YEAR					
	SENT	○	○	○	○	○
	REC'D	○	○	○	○	○
NAME & ADDRESS	YEAR					
	SENT	○	○	○	○	○
	REC'D	○	○	○	○	○
NAME & ADDRESS	YEAR					
	SENT	○	○	○	○	○
	REC'D	○	○	○	○	○
NAME & ADDRESS	YEAR					
	SENT	○	○	○	○	○
	REC'D	○	○	○	○	○
NAME & ADDRESS	YEAR					
	SENT	○	○	○	○	○
	REC'D	○	○	○	○	○
NAME & ADDRESS	YEAR					
	SENT	○	○	○	○	○
	REC'D	○	○	○	○	○
NAME & ADDRESS	YEAR					
	SENT	○	○	○	○	○
	REC'D	○	○	○	○	○
NAME & ADDRESS	YEAR					
	SENT	○	○	○	○	○
	REC'D	○	○	○	○	○

K

NAME & ADDRESS	YEAR SENT	○	○	○	○	○
	REC'D	○	○	○	○	○

NAME & ADDRESS	YEAR SENT	○	○	○	○	○
	REC'D	○	○	○	○	○

NAME & ADDRESS	YEAR SENT	○	○	○	○	○
	REC'D	○	○	○	○	○

NAME & ADDRESS	YEAR SENT	○	○	○	○	○
	REC'D	○	○	○	○	○

NAME & ADDRESS	YEAR SENT	○	○	○	○	○
	REC'D	○	○	○	○	○

NAME & ADDRESS	YEAR SENT	○	○	○	○	○
	REC'D	○	○	○	○	○

NAME & ADDRESS	YEAR SENT	○	○	○	○	○
	REC'D	○	○	○	○	○

NAME & ADDRESS	YEAR SENT	○	○	○	○	○
	REC'D	○	○	○	○	○

NAME & ADDRESS	YEAR SENT	○	○	○	○	○
	REC'D	○	○	○	○	○

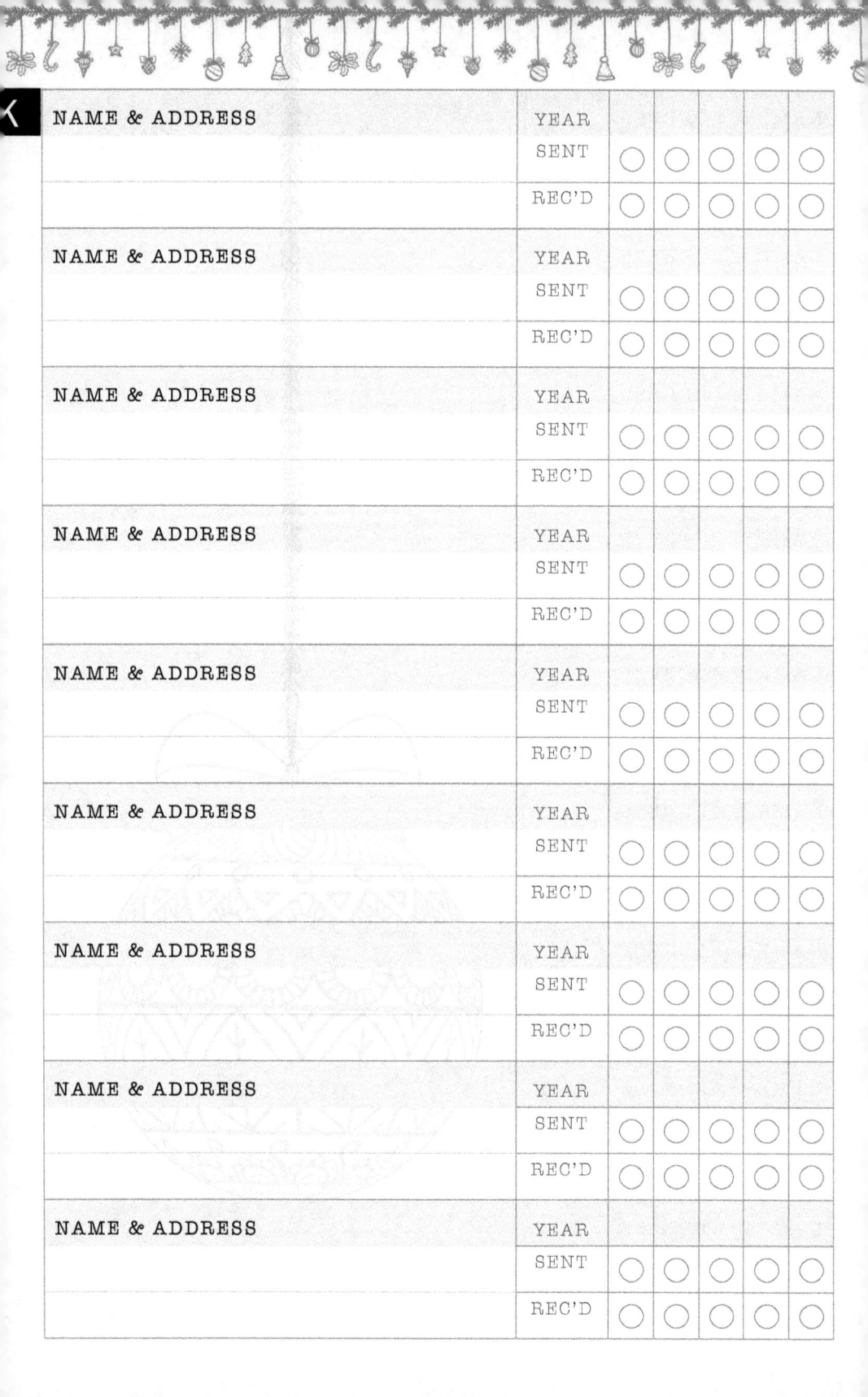

K

NAME & ADDRESS	YEAR					
	SENT	○	○	○	○	○
	REC'D	○	○	○	○	○
NAME & ADDRESS	YEAR					
	SENT	○	○	○	○	○
	REC'D	○	○	○	○	○
NAME & ADDRESS	YEAR					
	SENT	○	○	○	○	○
	REC'D	○	○	○	○	○
NAME & ADDRESS	YEAR					
	SENT	○	○	○	○	○
	REC'D	○	○	○	○	○
NAME & ADDRESS	YEAR					
	SENT	○	○	○	○	○
	REC'D	○	○	○	○	○
NAME & ADDRESS	YEAR					
	SENT	○	○	○	○	○
	REC'D	○	○	○	○	○
NAME & ADDRESS	YEAR					
	SENT	○	○	○	○	○
	REC'D	○	○	○	○	○
NAME & ADDRESS	YEAR					
	SENT	○	○	○	○	○
	REC'D	○	○	○	○	○
NAME & ADDRESS	YEAR					
	SENT	○	○	○	○	○
	REC'D	○	○	○	○	○

NAME & ADDRESS	YEAR					
	SENT	○	○	○	○	○
	REC'D	○	○	○	○	○
NAME & ADDRESS	YEAR					
	SENT	○	○	○	○	○
	REC'D	○	○	○	○	○
NAME & ADDRESS	YEAR					
	SENT	○	○	○	○	○
	REC'D	○	○	○	○	○
NAME & ADDRESS	YEAR					
	SENT	○	○	○	○	○
	REC'D	○	○	○	○	○
NAME & ADDRESS	YEAR					
	SENT	○	○	○	○	○
	REC'D	○	○	○	○	○
NAME & ADDRESS	YEAR					
	SENT	○	○	○	○	○
	REC'D	○	○	○	○	○
NAME & ADDRESS	YEAR					
	SENT	○	○	○	○	○
	REC'D	○	○	○	○	○
NAME & ADDRESS	YEAR					
	SENT	○	○	○	○	○
	REC'D	○	○	○	○	○
NAME & ADDRESS	YEAR					
	SENT	○	○	○	○	○
	REC'D	○	○	○	○	○

L

NAME & ADDRESS	YEAR					
	SENT	○	○	○	○	○
	REC'D	○	○	○	○	○
NAME & ADDRESS	YEAR					
	SENT	○	○	○	○	○
	REC'D	○	○	○	○	○
NAME & ADDRESS	YEAR					
	SENT	○	○	○	○	○
	REC'D	○	○	○	○	○
NAME & ADDRESS	YEAR					
	SENT	○	○	○	○	○
	REC'D	○	○	○	○	○
NAME & ADDRESS	YEAR					
	SENT	○	○	○	○	○
	REC'D	○	○	○	○	○
NAME & ADDRESS	YEAR					
	SENT	○	○	○	○	○
	REC'D	○	○	○	○	○
NAME & ADDRESS	YEAR					
	SENT	○	○	○	○	○
	REC'D	○	○	○	○	○
NAME & ADDRESS	YEAR					
	SENT	○	○	○	○	○
	REC'D	○	○	○	○	○
NAME & ADDRESS	YEAR					
	SENT	○	○	○	○	○
	REC'D	○	○	○	○	○

NAME & ADDRESS	YEAR					
	SENT	○	○	○	○	○
	REC'D	○	○	○	○	○
NAME & ADDRESS	YEAR					
	SENT	○	○	○	○	○
	REC'D	○	○	○	○	○
NAME & ADDRESS	YEAR					
	SENT	○	○	○	○	○
	REC'D	○	○	○	○	○
NAME & ADDRESS	YEAR					
	SENT	○	○	○	○	○
	REC'D	○	○	○	○	○
NAME & ADDRESS	YEAR					
	SENT	○	○	○	○	○
	REC'D	○	○	○	○	○
NAME & ADDRESS	YEAR					
	SENT	○	○	○	○	○
	REC'D	○	○	○	○	○
NAME & ADDRESS	YEAR					
	SENT	○	○	○	○	○
	REC'D	○	○	○	○	○
NAME & ADDRESS	YEAR					
	SENT	○	○	○	○	○
	REC'D	○	○	○	○	○
NAME & ADDRESS	YEAR					
	SENT	○	○	○	○	○
	REC'D	○	○	○	○	○

NAME & ADDRESS	YEAR					
	SENT	○	○	○	○	○
	REC'D	○	○	○	○	○
NAME & ADDRESS	YEAR					
	SENT	○	○	○	○	○
	REC'D	○	○	○	○	○
NAME & ADDRESS	YEAR					
	SENT	○	○	○	○	○
	REC'D	○	○	○	○	○
NAME & ADDRESS	YEAR					
	SENT	○	○	○	○	○
	REC'D	○	○	○	○	○
NAME & ADDRESS	YEAR					
	SENT	○	○	○	○	○
	REC'D	○	○	○	○	○
NAME & ADDRESS	YEAR					
	SENT	○	○	○	○	○
	REC'D	○	○	○	○	○
NAME & ADDRESS	YEAR					
	SENT	○	○	○	○	○
	REC'D	○	○	○	○	○
NAME & ADDRESS	YEAR					
	SENT	○	○	○	○	○
	REC'D	○	○	○	○	○
NAME & ADDRESS	YEAR					
	SENT	○	○	○	○	○
	REC'D	○	○	○	○	○

NAME & ADDRESS						
	YEAR					
	SENT	○	○	○	○	○
	REC'D	○	○	○	○	○

NAME & ADDRESS						
	YEAR					
	SENT	○	○	○	○	○
	REC'D	○	○	○	○	○

NAME & ADDRESS						
	YEAR					
	SENT	○	○	○	○	○
	REC'D	○	○	○	○	○

NAME & ADDRESS						
	YEAR					
	SENT	○	○	○	○	○
	REC'D	○	○	○	○	○

NAME & ADDRESS						
	YEAR					
	SENT	○	○	○	○	○
	REC'D	○	○	○	○	○

NAME & ADDRESS						
	YEAR					
	SENT	○	○	○	○	○
	REC'D	○	○	○	○	○

NAME & ADDRESS						
	YEAR					
	SENT	○	○	○	○	○
	REC'D	○	○	○	○	○

NAME & ADDRESS						
	YEAR					
	SENT	○	○	○	○	○
	REC'D	○	○	○	○	○

NAME & ADDRESS						
	YEAR					
	SENT	○	○	○	○	○
	REC'D	○	○	○	○	○

NAME & ADDRESS	YEAR					
	SENT	○	○	○	○	○
	REC'D	○	○	○	○	○
NAME & ADDRESS	YEAR					
	SENT	○	○	○	○	○
	REC'D	○	○	○	○	○
NAME & ADDRESS	YEAR					
	SENT	○	○	○	○	○
	REC'D	○	○	○	○	○
NAME & ADDRESS	YEAR					
	SENT	○	○	○	○	○
	REC'D	○	○	○	○	○
NAME & ADDRESS	YEAR					
	SENT	○	○	○	○	○
	REC'D	○	○	○	○	○
NAME & ADDRESS	YEAR					
	SENT	○	○	○	○	○
	REC'D	○	○	○	○	○
NAME & ADDRESS	YEAR					
	SENT	○	○	○	○	○
	REC'D	○	○	○	○	○
NAME & ADDRESS	YEAR					
	SENT	○	○	○	○	○
	REC'D	○	○	○	○	○
NAME & ADDRESS	YEAR					
	SENT	○	○	○	○	○
	REC'D	○	○	○	○	○

M

M

NAME & ADDRESS	YEAR					
	SENT	○	○	○	○	○
	REC'D	○	○	○	○	○
NAME & ADDRESS	YEAR					
	SENT	○	○	○	○	○
	REC'D	○	○	○	○	○
NAME & ADDRESS	YEAR					
	SENT	○	○	○	○	○
	REC'D	○	○	○	○	○
NAME & ADDRESS	YEAR					
	SENT	○	○	○	○	○
	REC'D	○	○	○	○	○
NAME & ADDRESS	YEAR					
	SENT	○	○	○	○	○
	REC'D	○	○	○	○	○
NAME & ADDRESS	YEAR					
	SENT	○	○	○	○	○
	REC'D	○	○	○	○	○
NAME & ADDRESS	YEAR					
	SENT	○	○	○	○	○
	REC'D	○	○	○	○	○
NAME & ADDRESS	YEAR					
	SENT	○	○	○	○	○
	REC'D	○	○	○	○	○
NAME & ADDRESS	YEAR					
	SENT	○	○	○	○	○
	REC'D	○	○	○	○	○

NAME & ADDRESS	YEAR SENT	○	○	○	○	○
	REC'D	○	○	○	○	○
NAME & ADDRESS	YEAR SENT	○	○	○	○	○
	REC'D	○	○	○	○	○
NAME & ADDRESS	YEAR SENT	○	○	○	○	○
	REC'D	○	○	○	○	○
NAME & ADDRESS	YEAR SENT	○	○	○	○	○
	REC'D	○	○	○	○	○
NAME & ADDRESS	YEAR SENT	○	○	○	○	○
	REC'D	○	○	○	○	○
NAME & ADDRESS	YEAR SENT	○	○	○	○	○
	REC'D	○	○	○	○	○
NAME & ADDRESS	YEAR SENT	○	○	○	○	○
	REC'D	○	○	○	○	○
NAME & ADDRESS	YEAR SENT	○	○	○	○	○
	REC'D	○	○	○	○	○
NAME & ADDRESS	YEAR SENT	○	○	○	○	○
	REC'D	○	○	○	○	○

M

NAME & ADDRESS	YEAR					
	SENT	○	○	○	○	○
	REC'D	○	○	○	○	○
NAME & ADDRESS	YEAR					
	SENT	○	○	○	○	○
	REC'D	○	○	○	○	○
NAME & ADDRESS	YEAR					
	SENT	○	○	○	○	○
	REC'D	○	○	○	○	○
NAME & ADDRESS	YEAR					
	SENT	○	○	○	○	○
	REC'D	○	○	○	○	○
NAME & ADDRESS	YEAR					
	SENT	○	○	○	○	○
	REC'D	○	○	○	○	○
NAME & ADDRESS	YEAR					
	SENT	○	○	○	○	○
	REC'D	○	○	○	○	○
NAME & ADDRESS	YEAR					
	SENT	○	○	○	○	○
	REC'D	○	○	○	○	○
NAME & ADDRESS	YEAR					
	SENT	○	○	○	○	○
	REC'D	○	○	○	○	○
NAME & ADDRESS	YEAR					
	SENT	○	○	○	○	○
	REC'D	○	○	○	○	○

NAME & ADDRESS	YEAR					
	SENT	○	○	○	○	○
	REC'D	○	○	○	○	○
NAME & ADDRESS	YEAR					
	SENT	○	○	○	○	○
	REC'D	○	○	○	○	○
NAME & ADDRESS	YEAR					
	SENT	○	○	○	○	○
	REC'D	○	○	○	○	○
NAME & ADDRESS	YEAR					
	SENT	○	○	○	○	○
	REC'D	○	○	○	○	○
NAME & ADDRESS	YEAR					
	SENT	○	○	○	○	○
	REC'D	○	○	○	○	○
NAME & ADDRESS	YEAR					
	SENT	○	○	○	○	○
	REC'D	○	○	○	○	○
NAME & ADDRESS	YEAR					
	SENT	○	○	○	○	○
	REC'D	○	○	○	○	○
NAME & ADDRESS	YEAR					
	SENT	○	○	○	○	○
	REC'D	○	○	○	○	○
NAME & ADDRESS	YEAR					
	SENT	○	○	○	○	○
	REC'D	○	○	○	○	○

NAME & ADDRESS	YEAR					
	SENT	○	○	○	○	○
	REC'D	○	○	○	○	○
NAME & ADDRESS	YEAR					
	SENT	○	○	○	○	○
	REC'D	○	○	○	○	○
NAME & ADDRESS	YEAR					
	SENT	○	○	○	○	○
	REC'D	○	○	○	○	○
NAME & ADDRESS	YEAR					
	SENT	○	○	○	○	○
	REC'D	○	○	○	○	○
NAME & ADDRESS	YEAR					
	SENT	○	○	○	○	○
	REC'D	○	○	○	○	○
NAME & ADDRESS	YEAR					
	SENT	○	○	○	○	○
	REC'D	○	○	○	○	○
NAME & ADDRESS	YEAR					
	SENT	○	○	○	○	○
	REC'D	○	○	○	○	○
NAME & ADDRESS	YEAR					
	SENT	○	○	○	○	○
	REC'D	○	○	○	○	○
NAME & ADDRESS	YEAR					
	SENT	○	○	○	○	○
	REC'D	○	○	○	○	○
NAME & ADDRESS	YEAR					
	SENT	○	○	○	○	○
	REC'D	○	○	○	○	○

NAME & ADDRESS	YEAR					
	SENT	○	○	○	○	○
	REC'D	○	○	○	○	○
NAME & ADDRESS	YEAR					
	SENT	○	○	○	○	○
	REC'D	○	○	○	○	○
NAME & ADDRESS	YEAR					
	SENT	○	○	○	○	○
	REC'D	○	○	○	○	○
NAME & ADDRESS	YEAR					
	SENT	○	○	○	○	○
	REC'D	○	○	○	○	○
NAME & ADDRESS	YEAR					
	SENT	○	○	○	○	○
	REC'D	○	○	○	○	○
NAME & ADDRESS	YEAR					
	SENT	○	○	○	○	○
	REC'D	○	○	○	○	○
NAME & ADDRESS	YEAR					
	SENT	○	○	○	○	○
	REC'D	○	○	○	○	○
NAME & ADDRESS	YEAR					
	SENT	○	○	○	○	○
	REC'D	○	○	○	○	○
NAME & ADDRESS	YEAR					
	SENT	○	○	○	○	○
	REC'D	○	○	○	○	○

N

NAME & ADDRESS	YEAR					
	SENT	○	○	○	○	○
	REC'D	○	○	○	○	○
NAME & ADDRESS	YEAR					
	SENT	○	○	○	○	○
	REC'D	○	○	○	○	○
NAME & ADDRESS	YEAR					
	SENT	○	○	○	○	○
	REC'D	○	○	○	○	○
NAME & ADDRESS	YEAR					
	SENT	○	○	○	○	○
	REC'D	○	○	○	○	○
NAME & ADDRESS	YEAR					
	SENT	○	○	○	○	○
	REC'D	○	○	○	○	○
NAME & ADDRESS	YEAR					
	SENT	○	○	○	○	○
	REC'D	○	○	○	○	○
NAME & ADDRESS	YEAR					
	SENT	○	○	○	○	○
	REC'D	○	○	○	○	○
NAME & ADDRESS	YEAR					
	SENT	○	○	○	○	○
	REC'D	○	○	○	○	○
NAME & ADDRESS	YEAR					
	SENT	○	○	○	○	○
	REC'D	○	○	○	○	○

NAME & ADDRESS	YEAR					
	SENT	○	○	○	○	○
	REC'D	○	○	○	○	○
NAME & ADDRESS	YEAR					
	SENT	○	○	○	○	○
	REC'D	○	○	○	○	○
NAME & ADDRESS	YEAR					
	SENT	○	○	○	○	○
	REC'D	○	○	○	○	○
NAME & ADDRESS	YEAR					
	SENT	○	○	○	○	○
	REC'D	○	○	○	○	○
NAME & ADDRESS	YEAR					
	SENT	○	○	○	○	○
	REC'D	○	○	○	○	○
NAME & ADDRESS	YEAR					
	SENT	○	○	○	○	○
	REC'D	○	○	○	○	○
NAME & ADDRESS	YEAR					
	SENT	○	○	○	○	○
	REC'D	○	○	○	○	○
NAME & ADDRESS	YEAR					
	SENT	○	○	○	○	○
	REC'D	○	○	○	○	○
NAME & ADDRESS	YEAR					
	SENT	○	○	○	○	○
	REC'D	○	○	○	○	○

C

NAME & ADDRESS	YEAR					
	SENT	○	○	○	○	○
	REC'D	○	○	○	○	○
NAME & ADDRESS	YEAR					
	SENT	○	○	○	○	○
	REC'D	○	○	○	○	○
NAME & ADDRESS	YEAR					
	SENT	○	○	○	○	○
	REC'D	○	○	○	○	○
NAME & ADDRESS	YEAR					
	SENT	○	○	○	○	○
	REC'D	○	○	○	○	○
NAME & ADDRESS	YEAR					
	SENT	○	○	○	○	○
	REC'D	○	○	○	○	○
NAME & ADDRESS	YEAR					
	SENT	○	○	○	○	○
	REC'D	○	○	○	○	○
NAME & ADDRESS	YEAR					
	SENT	○	○	○	○	○
	REC'D	○	○	○	○	○
NAME & ADDRESS	YEAR					
	SENT	○	○	○	○	○
	REC'D	○	○	○	○	○
NAME & ADDRESS	YEAR					
	SENT	○	○	○	○	○
	REC'D	○	○	○	○	○

NAME & ADDRESS	YEAR					
	SENT	○	○	○	○	○
	REC'D	○	○	○	○	○
NAME & ADDRESS	YEAR					
	SENT	○	○	○	○	○
	REC'D	○	○	○	○	○
NAME & ADDRESS	YEAR					
	SENT	○	○	○	○	○
	REC'D	○	○	○	○	○
NAME & ADDRESS	YEAR					
	SENT	○	○	○	○	○
	REC'D	○	○	○	○	○
NAME & ADDRESS	YEAR					
	SENT	○	○	○	○	○
	REC'D	○	○	○	○	○
NAME & ADDRESS	YEAR					
	SENT	○	○	○	○	○
	REC'D	○	○	○	○	○
NAME & ADDRESS	YEAR					
	SENT	○	○	○	○	○
	REC'D	○	○	○	○	○
NAME & ADDRESS	YEAR					
	SENT	○	○	○	○	○
	REC'D	○	○	○	○	○
NAME & ADDRESS	YEAR					
	SENT	○	○	○	○	○
	REC'D	○	○	○	○	○

NAME & ADDRESS	YEAR					
	SENT	○	○	○	○	○
	REC'D	○	○	○	○	○
NAME & ADDRESS	YEAR					
	SENT	○	○	○	○	○
	REC'D	○	○	○	○	○
NAME & ADDRESS	YEAR					
	SENT	○	○	○	○	○
	REC'D	○	○	○	○	○
NAME & ADDRESS	YEAR					
	SENT	○	○	○	○	○
	REC'D	○	○	○	○	○
NAME & ADDRESS	YEAR					
	SENT	○	○	○	○	○
	REC'D	○	○	○	○	○
NAME & ADDRESS	YEAR					
	SENT	○	○	○	○	○
	REC'D	○	○	○	○	○
NAME & ADDRESS	YEAR					
	SENT	○	○	○	○	○
	REC'D	○	○	○	○	○
NAME & ADDRESS	YEAR					
	SENT	○	○	○	○	○
	REC'D	○	○	○	○	○
NAME & ADDRESS	YEAR					
	SENT	○	○	○	○	○
	REC'D	○	○	○	○	○

NAME & ADDRESS	YEAR					
	SENT	○	○	○	○	○
	REC'D	○	○	○	○	○
NAME & ADDRESS	YEAR					
	SENT	○	○	○	○	○
	REC'D	○	○	○	○	○
NAME & ADDRESS	YEAR					
	SENT	○	○	○	○	○
	REC'D	○	○	○	○	○
NAME & ADDRESS	YEAR					
	SENT	○	○	○	○	○
	REC'D	○	○	○	○	○
NAME & ADDRESS	YEAR					
	SENT	○	○	○	○	○
	REC'D	○	○	○	○	○
NAME & ADDRESS	YEAR					
	SENT	○	○	○	○	○
	REC'D	○	○	○	○	○
NAME & ADDRESS	YEAR					
	SENT	○	○	○	○	○
	REC'D	○	○	○	○	○
NAME & ADDRESS	YEAR					
	SENT	○	○	○	○	○
	REC'D	○	○	○	○	○
NAME & ADDRESS	YEAR					
	SENT	○	○	○	○	○
	REC'D	○	○	○	○	○

PQ

NAME & ADDRESS	YEAR					
	SENT	○	○	○	○	○
	REC'D	○	○	○	○	○
NAME & ADDRESS	YEAR					
	SENT	○	○	○	○	○
	REC'D	○	○	○	○	○
NAME & ADDRESS	YEAR					
	SENT	○	○	○	○	○
	REC'D	○	○	○	○	○
NAME & ADDRESS	YEAR					
	SENT	○	○	○	○	○
	REC'D	○	○	○	○	○
NAME & ADDRESS	YEAR					
	SENT	○	○	○	○	○
	REC'D	○	○	○	○	○
NAME & ADDRESS	YEAR					
	SENT	○	○	○	○	○
	REC'D	○	○	○	○	○
NAME & ADDRESS	YEAR					
	SENT	○	○	○	○	○
	REC'D	○	○	○	○	○
NAME & ADDRESS	YEAR					
	SENT	○	○	○	○	○
	REC'D	○	○	○	○	○
NAME & ADDRESS	YEAR					
	SENT	○	○	○	○	○
	REC'D	○	○	○	○	○

NAME & ADDRESS	YEAR SENT	○	○	○	○	○
	REC'D	○	○	○	○	○
NAME & ADDRESS	YEAR SENT	○	○	○	○	○
	REC'D	○	○	○	○	○
NAME & ADDRESS	YEAR SENT	○	○	○	○	○
	REC'D	○	○	○	○	○
NAME & ADDRESS	YEAR SENT	○	○	○	○	○
	REC'D	○	○	○	○	○
NAME & ADDRESS	YEAR SENT	○	○	○	○	○
	REC'D	○	○	○	○	○
NAME & ADDRESS	YEAR SENT	○	○	○	○	○
	REC'D	○	○	○	○	○
NAME & ADDRESS	YEAR SENT	○	○	○	○	○
	REC'D	○	○	○	○	○
NAME & ADDRESS	YEAR SENT	○	○	○	○	○
	REC'D	○	○	○	○	○
NAME & ADDRESS	YEAR SENT	○	○	○	○	○
	REC'D	○	○	○	○	○

PQ

NAME & ADDRESS	YEAR					
	SENT	○	○	○	○	○
	REC'D	○	○	○	○	○
NAME & ADDRESS	YEAR					
	SENT	○	○	○	○	○
	REC'D	○	○	○	○	○
NAME & ADDRESS	YEAR					
	SENT	○	○	○	○	○
	REC'D	○	○	○	○	○
NAME & ADDRESS	YEAR					
	SENT	○	○	○	○	○
	REC'D	○	○	○	○	○
NAME & ADDRESS	YEAR					
	SENT	○	○	○	○	○
	REC'D	○	○	○	○	○
NAME & ADDRESS	YEAR					
	SENT	○	○	○	○	○
	REC'D	○	○	○	○	○
NAME & ADDRESS	YEAR					
	SENT	○	○	○	○	○
	REC'D	○	○	○	○	○
NAME & ADDRESS	YEAR					
	SENT	○	○	○	○	○
	REC'D	○	○	○	○	○
NAME & ADDRESS	YEAR					
	SENT	○	○	○	○	○
	REC'D	○	○	○	○	○

NAME & ADDRESS	YEAR					
	SENT	◯	◯	◯	◯	◯
	REC'D	◯	◯	◯	◯	◯
NAME & ADDRESS	YEAR					
	SENT	◯	◯	◯	◯	◯
	REC'D	◯	◯	◯	◯	◯
NAME & ADDRESS	YEAR					
	SENT	◯	◯	◯	◯	◯
	REC'D	◯	◯	◯	◯	◯
NAME & ADDRESS	YEAR					
	SENT	◯	◯	◯	◯	◯
	REC'D	◯	◯	◯	◯	◯
NAME & ADDRESS	YEAR					
	SENT	◯	◯	◯	◯	◯
	REC'D	◯	◯	◯	◯	◯
NAME & ADDRESS	YEAR					
	SENT	◯	◯	◯	◯	◯
	REC'D	◯	◯	◯	◯	◯
NAME & ADDRESS	YEAR					
	SENT	◯	◯	◯	◯	◯
	REC'D	◯	◯	◯	◯	◯
NAME & ADDRESS	YEAR					
	SENT	◯	◯	◯	◯	◯
	REC'D	◯	◯	◯	◯	◯
NAME & ADDRESS	YEAR					
	SENT	◯	◯	◯	◯	◯
	REC'D	◯	◯	◯	◯	◯

R

R

NAME & ADDRESS	YEAR SENT	○	○	○	○	○
	REC'D	○	○	○	○	○

NAME & ADDRESS	YEAR SENT	○	○	○	○	○
	REC'D	○	○	○	○	○

NAME & ADDRESS	YEAR SENT	○	○	○	○	○
	REC'D	○	○	○	○	○

NAME & ADDRESS	YEAR SENT	○	○	○	○	○
	REC'D	○	○	○	○	○

NAME & ADDRESS	YEAR SENT	○	○	○	○	○
	REC'D	○	○	○	○	○

NAME & ADDRESS	YEAR SENT	○	○	○	○	○
	REC'D	○	○	○	○	○

NAME & ADDRESS	YEAR SENT	○	○	○	○	○
	REC'D	○	○	○	○	○

NAME & ADDRESS	YEAR SENT	○	○	○	○	○
	REC'D	○	○	○	○	○

NAME & ADDRESS	YEAR SENT	○	○	○	○	○
	REC'D	○	○	○	○	○

R

NAME & ADDRESS	YEAR SENT	○	○	○	○	○
	REC'D	○	○	○	○	○
NAME & ADDRESS	YEAR SENT	○	○	○	○	○
	REC'D	○	○	○	○	○
NAME & ADDRESS	YEAR SENT	○	○	○	○	○
	REC'D	○	○	○	○	○
NAME & ADDRESS	YEAR SENT	○	○	○	○	○
	REC'D	○	○	○	○	○
NAME & ADDRESS	YEAR SENT	○	○	○	○	○
	REC'D	○	○	○	○	○
NAME & ADDRESS	YEAR SENT	○	○	○	○	○
	REC'D	○	○	○	○	○
NAME & ADDRESS	YEAR SENT	○	○	○	○	○
	REC'D	○	○	○	○	○
NAME & ADDRESS	YEAR SENT	○	○	○	○	○
	REC'D	○	○	○	○	○
NAME & ADDRESS	YEAR SENT	○	○	○	○	○
	REC'D	○	○	○	○	○

S

NAME & ADDRESS	YEAR					
	SENT	○	○	○	○	○
	REC'D	○	○	○	○	○
NAME & ADDRESS	YEAR					
	SENT	○	○	○	○	○
	REC'D	○	○	○	○	○
NAME & ADDRESS	YEAR					
	SENT	○	○	○	○	○
	REC'D	○	○	○	○	○
NAME & ADDRESS	YEAR					
	SENT	○	○	○	○	○
	REC'D	○	○	○	○	○
NAME & ADDRESS	YEAR					
	SENT	○	○	○	○	○
	REC'D	○	○	○	○	○
NAME & ADDRESS	YEAR					
	SENT	○	○	○	○	○
	REC'D	○	○	○	○	○
NAME & ADDRESS	YEAR					
	SENT	○	○	○	○	○
	REC'D	○	○	○	○	○
NAME & ADDRESS	YEAR					
	SENT	○	○	○	○	○
	REC'D	○	○	○	○	○
NAME & ADDRESS	YEAR					
	SENT	○	○	○	○	○
	REC'D	○	○	○	○	○

NAME & ADDRESS	YEAR					
	SENT	○	○	○	○	○
	REC'D	○	○	○	○	○
NAME & ADDRESS	YEAR					
	SENT	○	○	○	○	○
	REC'D	○	○	○	○	○
NAME & ADDRESS	YEAR					
	SENT	○	○	○	○	○
	REC'D	○	○	○	○	○
NAME & ADDRESS	YEAR					
	SENT	○	○	○	○	○
	REC'D	○	○	○	○	○
NAME & ADDRESS	YEAR					
	SENT	○	○	○	○	○
	REC'D	○	○	○	○	○
NAME & ADDRESS	YEAR					
	SENT	○	○	○	○	○
	REC'D	○	○	○	○	○
NAME & ADDRESS	YEAR					
	SENT	○	○	○	○	○
	REC'D	○	○	○	○	○
NAME & ADDRESS	YEAR					
	SENT	○	○	○	○	○
	REC'D	○	○	○	○	○
NAME & ADDRESS	YEAR					
	SENT	○	○	○	○	○
	REC'D	○	○	○	○	○

S

NAME & ADDRESS	YEAR					
	SENT	○	○	○	○	○
	REC'D	○	○	○	○	○
NAME & ADDRESS	YEAR					
	SENT	○	○	○	○	○
	REC'D	○	○	○	○	○
NAME & ADDRESS	YEAR					
	SENT	○	○	○	○	○
	REC'D	○	○	○	○	○
NAME & ADDRESS	YEAR					
	SENT	○	○	○	○	○
	REC'D	○	○	○	○	○
NAME & ADDRESS	YEAR					
	SENT	○	○	○	○	○
	REC'D	○	○	○	○	○
NAME & ADDRESS	YEAR					
	SENT	○	○	○	○	○
	REC'D	○	○	○	○	○
NAME & ADDRESS	YEAR					
	SENT	○	○	○	○	○
	REC'D	○	○	○	○	○
NAME & ADDRESS	YEAR					
	SENT	○	○	○	○	○
	REC'D	○	○	○	○	○
NAME & ADDRESS	YEAR					
	SENT	○	○	○	○	○
	REC'D	○	○	○	○	○
NAME & ADDRESS	YEAR					
	SENT	○	○	○	○	○
	REC'D	○	○	○	○	○

NAME & ADDRESS	YEAR					
	SENT	○	○	○	○	○
	REC'D	○	○	○	○	○
NAME & ADDRESS	YEAR					
	SENT	○	○	○	○	○
	REC'D	○	○	○	○	○
NAME & ADDRESS	YEAR					
	SENT	○	○	○	○	○
	REC'D	○	○	○	○	○
NAME & ADDRESS	YEAR					
	SENT	○	○	○	○	○
	REC'D	○	○	○	○	○
NAME & ADDRESS	YEAR					
	SENT	○	○	○	○	○
	REC'D	○	○	○	○	○
NAME & ADDRESS	YEAR					
	SENT	○	○	○	○	○
	REC'D	○	○	○	○	○
NAME & ADDRESS	YEAR					
	SENT	○	○	○	○	○
	REC'D	○	○	○	○	○
NAME & ADDRESS	YEAR					
	SENT	○	○	○	○	○
	REC'D	○	○	○	○	○
NAME & ADDRESS	YEAR					
	SENT	○	○	○	○	○
	REC'D	○	○	○	○	○

NAME & ADDRESS						
	YEAR					
	SENT	○	○	○	○	○
	REC'D	○	○	○	○	○
NAME & ADDRESS						
	YEAR					
	SENT	○	○	○	○	○
	REC'D	○	○	○	○	○
NAME & ADDRESS						
	YEAR					
	SENT	○	○	○	○	○
	REC'D	○	○	○	○	○
NAME & ADDRESS						
	YEAR					
	SENT	○	○	○	○	○
	REC'D	○	○	○	○	○
NAME & ADDRESS						
	YEAR					
	SENT	○	○	○	○	○
	REC'D	○	○	○	○	○
NAME & ADDRESS						
	YEAR					
	SENT	○	○	○	○	○
	REC'D	○	○	○	○	○
NAME & ADDRESS						
	YEAR					
	SENT	○	○	○	○	○
	REC'D	○	○	○	○	○
NAME & ADDRESS						
	YEAR					
	SENT	○	○	○	○	○
	REC'D	○	○	○	○	○
NAME & ADDRESS						
	YEAR					
	SENT	○	○	○	○	○
	REC'D	○	○	○	○	○

NAME & ADDRESS	YEAR					
	SENT	○	○	○	○	○
	REC'D	○	○	○	○	○
NAME & ADDRESS	YEAR					
	SENT	○	○	○	○	○
	REC'D	○	○	○	○	○
NAME & ADDRESS	YEAR					
	SENT	○	○	○	○	○
	REC'D	○	○	○	○	○
NAME & ADDRESS	YEAR					
	SENT	○	○	○	○	○
	REC'D	○	○	○	○	○
NAME & ADDRESS	YEAR					
	SENT	○	○	○	○	○
	REC'D	○	○	○	○	○
NAME & ADDRESS	YEAR					
	SENT	○	○	○	○	○
	REC'D	○	○	○	○	○
NAME & ADDRESS	YEAR					
	SENT	○	○	○	○	○
	REC'D	○	○	○	○	○
NAME & ADDRESS	YEAR					
	SENT	○	○	○	○	○
	REC'D	○	○	○	○	○
NAME & ADDRESS	YEAR					
	SENT	○	○	○	○	○
	REC'D	○	○	○	○	○

NAME & ADDRESS	YEAR					
	SENT	○	○	○	○	○
	REC'D	○	○	○	○	○
NAME & ADDRESS	YEAR					
	SENT	○	○	○	○	○
	REC'D	○	○	○	○	○
NAME & ADDRESS	YEAR					
	SENT	○	○	○	○	○
	REC'D	○	○	○	○	○
NAME & ADDRESS	YEAR					
	SENT	○	○	○	○	○
	REC'D	○	○	○	○	○
NAME & ADDRESS	YEAR					
	SENT	○	○	○	○	○
	REC'D	○	○	○	○	○
NAME & ADDRESS	YEAR					
	SENT	○	○	○	○	○
	REC'D	○	○	○	○	○
NAME & ADDRESS	YEAR					
	SENT	○	○	○	○	○
	REC'D	○	○	○	○	○
NAME & ADDRESS	YEAR					
	SENT	○	○	○	○	○
	REC'D	○	○	○	○	○
NAME & ADDRESS	YEAR					
	SENT	○	○	○	○	○
	REC'D	○	○	○	○	○

NAME & ADDRESS	YEAR					
	SENT	○	○	○	○	○
	REC'D	○	○	○	○	○
NAME & ADDRESS	YEAR					
	SENT	○	○	○	○	○
	REC'D	○	○	○	○	○
NAME & ADDRESS	YEAR					
	SENT	○	○	○	○	○
	REC'D	○	○	○	○	○
NAME & ADDRESS	YEAR					
	SENT	○	○	○	○	○
	REC'D	○	○	○	○	○
NAME & ADDRESS	YEAR					
	SENT	○	○	○	○	○
	REC'D	○	○	○	○	○
NAME & ADDRESS	YEAR					
	SENT	○	○	○	○	○
	REC'D	○	○	○	○	○
NAME & ADDRESS	YEAR					
	SENT	○	○	○	○	○
	REC'D	○	○	○	○	○
NAME & ADDRESS	YEAR					
	SENT	○	○	○	○	○
	REC'D	○	○	○	○	○
NAME & ADDRESS	YEAR					
	SENT	○	○	○	○	○
	REC'D	○	○	○	○	○

J

NAME & ADDRESS	YEAR					
	SENT	○	○	○	○	○
	REC'D	○	○	○	○	○

NAME & ADDRESS	YEAR					
	SENT	○	○	○	○	○
	REC'D	○	○	○	○	○

NAME & ADDRESS	YEAR					
	SENT	○	○	○	○	○
	REC'D	○	○	○	○	○

NAME & ADDRESS	YEAR					
	SENT	○	○	○	○	○
	REC'D	○	○	○	○	○

NAME & ADDRESS	YEAR					
	SENT	○	○	○	○	○
	REC'D	○	○	○	○	○

NAME & ADDRESS	YEAR					
	SENT	○	○	○	○	○
	REC'D	○	○	○	○	○

NAME & ADDRESS	YEAR					
	SENT	○	○	○	○	○
	REC'D	○	○	○	○	○

NAME & ADDRESS	YEAR					
	SENT	○	○	○	○	○
	REC'D	○	○	○	○	○

NAME & ADDRESS	YEAR					
	SENT	○	○	○	○	○
	REC'D	○	○	○	○	○

NAME & ADDRESS	YEAR					
	SENT	○	○	○	○	○
	REC'D	○	○	○	○	○
NAME & ADDRESS	YEAR					
	SENT	○	○	○	○	○
	REC'D	○	○	○	○	○
NAME & ADDRESS	YEAR					
	SENT	○	○	○	○	○
	REC'D	○	○	○	○	○
NAME & ADDRESS	YEAR					
	SENT	○	○	○	○	○
	REC'D	○	○	○	○	○
NAME & ADDRESS	YEAR					
	SENT	○	○	○	○	○
	REC'D	○	○	○	○	○
NAME & ADDRESS	YEAR					
	SENT	○	○	○	○	○
	REC'D	○	○	○	○	○
NAME & ADDRESS	YEAR					
	SENT	○	○	○	○	○
	REC'D	○	○	○	○	○
NAME & ADDRESS	YEAR					
	SENT	○	○	○	○	○
	REC'D	○	○	○	○	○
NAME & ADDRESS	YEAR					
	SENT	○	○	○	○	○
	REC'D	○	○	○	○	○

J

NAME & ADDRESS	YEAR SENT					
	REC'D	○ ○ ○ ○ ○				
		○ ○ ○ ○ ○				

NAME & ADDRESS	YEAR					
	SENT	○ ○ ○ ○ ○				
	REC'D	○ ○ ○ ○ ○				

NAME & ADDRESS	YEAR					
	SENT	○ ○ ○ ○ ○				
	REC'D	○ ○ ○ ○ ○				

NAME & ADDRESS	YEAR					
	SENT	○ ○ ○ ○ ○				
	REC'D	○ ○ ○ ○ ○				

NAME & ADDRESS	YEAR					
	SENT	○ ○ ○ ○ ○				
	REC'D	○ ○ ○ ○ ○				

NAME & ADDRESS	YEAR					
	SENT	○ ○ ○ ○ ○				
	REC'D	○ ○ ○ ○ ○				

NAME & ADDRESS	YEAR					
	SENT	○ ○ ○ ○ ○				
	REC'D	○ ○ ○ ○ ○				

NAME & ADDRESS	YEAR					
	SENT	○ ○ ○ ○ ○				
	REC'D	○ ○ ○ ○ ○				

NAME & ADDRESS	YEAR					
	SENT	○ ○ ○ ○ ○				
	REC'D	○ ○ ○ ○ ○				

NAME & ADDRESS	YEAR					
	SENT	○	○	○	○	○
	REC'D	○	○	○	○	○
NAME & ADDRESS	YEAR					
	SENT	○	○	○	○	○
	REC'D	○	○	○	○	○
NAME & ADDRESS	YEAR					
	SENT	○	○	○	○	○
	REC'D	○	○	○	○	○
NAME & ADDRESS	YEAR					
	SENT	○	○	○	○	○
	REC'D	○	○	○	○	○
NAME & ADDRESS	YEAR					
	SENT	○	○	○	○	○
	REC'D	○	○	○	○	○
NAME & ADDRESS	YEAR					
	SENT	○	○	○	○	○
	REC'D	○	○	○	○	○
NAME & ADDRESS	YEAR					
	SENT	○	○	○	○	○
	REC'D	○	○	○	○	○
NAME & ADDRESS	YEAR					
	SENT	○	○	○	○	○
	REC'D	○	○	○	○	○
NAME & ADDRESS	YEAR					
	SENT	○	○	○	○	○
	REC'D	○	○	○	○	○

U

NAME & ADDRESS	YEAR					
	SENT	○	○	○	○	○
	REC'D	○	○	○	○	○
NAME & ADDRESS	YEAR					
	SENT	○	○	○	○	○
	REC'D	○	○	○	○	○
NAME & ADDRESS	YEAR					
	SENT	○	○	○	○	○
	REC'D	○	○	○	○	○
NAME & ADDRESS	YEAR					
	SENT	○	○	○	○	○
	REC'D	○	○	○	○	○
NAME & ADDRESS	YEAR					
	SENT	○	○	○	○	○
	REC'D	○	○	○	○	○
NAME & ADDRESS	YEAR					
	SENT	○	○	○	○	○
	REC'D	○	○	○	○	○
NAME & ADDRESS	YEAR					
	SENT	○	○	○	○	○
	REC'D	○	○	○	○	○
NAME & ADDRESS	YEAR					
	SENT	○	○	○	○	○
	REC'D	○	○	○	○	○
NAME & ADDRESS	YEAR					
	SENT	○	○	○	○	○
	REC'D	○	○	○	○	○

NAME & ADDRESS	YEAR					
	SENT	○	○	○	○	○
	REC'D	○	○	○	○	○
NAME & ADDRESS	YEAR					
	SENT	○	○	○	○	○
	REC'D	○	○	○	○	○
NAME & ADDRESS	YEAR					
	SENT	○	○	○	○	○
	REC'D	○	○	○	○	○
NAME & ADDRESS	YEAR					
	SENT	○	○	○	○	○
	REC'D	○	○	○	○	○
NAME & ADDRESS	YEAR					
	SENT	○	○	○	○	○
	REC'D	○	○	○	○	○
NAME & ADDRESS	YEAR					
	SENT	○	○	○	○	○
	REC'D	○	○	○	○	○
NAME & ADDRESS	YEAR					
	SENT	○	○	○	○	○
	REC'D	○	○	○	○	○
NAME & ADDRESS	YEAR					
	SENT	○	○	○	○	○
	REC'D	○	○	○	○	○
NAME & ADDRESS	YEAR					
	SENT	○	○	○	○	○
	REC'D	○	○	○	○	○

V

V

NAME & ADDRESS	YEAR					
	SENT	○	○	○	○	○
	REC'D	○	○	○	○	○

NAME & ADDRESS	YEAR					
	SENT	○	○	○	○	○
	REC'D	○	○	○	○	○

NAME & ADDRESS	YEAR					
	SENT	○	○	○	○	○
	REC'D	○	○	○	○	○

NAME & ADDRESS	YEAR					
	SENT	○	○	○	○	○
	REC'D	○	○	○	○	○

NAME & ADDRESS	YEAR					
	SENT	○	○	○	○	○
	REC'D	○	○	○	○	○

NAME & ADDRESS	YEAR					
	SENT	○	○	○	○	○
	REC'D	○	○	○	○	○

NAME & ADDRESS	YEAR					
	SENT	○	○	○	○	○
	REC'D	○	○	○	○	○

NAME & ADDRESS	YEAR					
	SENT	○	○	○	○	○
	REC'D	○	○	○	○	○

NAME & ADDRESS	YEAR					
	SENT	○	○	○	○	○
	REC'D	○	○	○	○	○

NAME & ADDRESS	YEAR					
	SENT	○	○	○	○	○
	REC'D	○	○	○	○	○
NAME & ADDRESS	YEAR					
	SENT	○	○	○	○	○
	REC'D	○	○	○	○	○
NAME & ADDRESS	YEAR					
	SENT	○	○	○	○	○
	REC'D	○	○	○	○	○
NAME & ADDRESS	YEAR					
	SENT	○	○	○	○	○
	REC'D	○	○	○	○	○
NAME & ADDRESS	YEAR					
	SENT	○	○	○	○	○
	REC'D	○	○	○	○	○
NAME & ADDRESS	YEAR					
	SENT	○	○	○	○	○
	REC'D	○	○	○	○	○
NAME & ADDRESS	YEAR					
	SENT	○	○	○	○	○
	REC'D	○	○	○	○	○
NAME & ADDRESS	YEAR					
	SENT	○	○	○	○	○
	REC'D	○	○	○	○	○
NAME & ADDRESS	YEAR					
	SENT	○	○	○	○	○
	REC'D	○	○	○	○	○

NAME & ADDRESS	YEAR SENT	○	○	○	○	○
	REC'D	○	○	○	○	○
NAME & ADDRESS	YEAR SENT	○	○	○	○	○
	REC'D	○	○	○	○	○
NAME & ADDRESS	YEAR SENT	○	○	○	○	○
	REC'D	○	○	○	○	○
NAME & ADDRESS	YEAR SENT	○	○	○	○	○
	REC'D	○	○	○	○	○
NAME & ADDRESS	YEAR SENT	○	○	○	○	○
	REC'D	○	○	○	○	○
NAME & ADDRESS	YEAR SENT	○	○	○	○	○
	REC'D	○	○	○	○	○
NAME & ADDRESS	YEAR SENT	○	○	○	○	○
	REC'D	○	○	○	○	○
NAME & ADDRESS	YEAR SENT	○	○	○	○	○
	REC'D	○	○	○	○	○
NAME & ADDRESS	YEAR SENT	○	○	○	○	○
	REC'D	○	○	○	○	○

NAME & ADDRESS	YEAR					
	SENT	○	○	○	○	○
	REC'D	○	○	○	○	○
NAME & ADDRESS	YEAR					
	SENT	○	○	○	○	○
	REC'D	○	○	○	○	○
NAME & ADDRESS	YEAR					
	SENT	○	○	○	○	○
	REC'D	○	○	○	○	○
NAME & ADDRESS	YEAR					
	SENT	○	○	○	○	○
	REC'D	○	○	○	○	○
NAME & ADDRESS	YEAR					
	SENT	○	○	○	○	○
	REC'D	○	○	○	○	○
NAME & ADDRESS	YEAR					
	SENT	○	○	○	○	○
	REC'D	○	○	○	○	○
NAME & ADDRESS	YEAR					
	SENT	○	○	○	○	○
	REC'D	○	○	○	○	○
NAME & ADDRESS	YEAR					
	SENT	○	○	○	○	○
	REC'D	○	○	○	○	○
NAME & ADDRESS	YEAR					
	SENT	○	○	○	○	○
	REC'D	○	○	○	○	○

NAME & ADDRESS	YEAR					
	SENT	○	○	○	○	○
	REC'D	○	○	○	○	○
NAME & ADDRESS	YEAR					
	SENT	○	○	○	○	○
	REC'D	○	○	○	○	○
NAME & ADDRESS	YEAR					
	SENT	○	○	○	○	○
	REC'D	○	○	○	○	○
NAME & ADDRESS	YEAR					
	SENT	○	○	○	○	○
	REC'D	○	○	○	○	○
NAME & ADDRESS	YEAR					
	SENT	○	○	○	○	○
	REC'D	○	○	○	○	○
NAME & ADDRESS	YEAR					
	SENT	○	○	○	○	○
	REC'D	○	○	○	○	○
NAME & ADDRESS	YEAR					
	SENT	○	○	○	○	○
	REC'D	○	○	○	○	○
NAME & ADDRESS	YEAR					
	SENT	○	○	○	○	○
	REC'D	○	○	○	○	○
NAME & ADDRESS	YEAR					
	SENT	○	○	○	○	○
	REC'D	○	○	○	○	○

NAME & ADDRESS	YEAR					
	SENT	○	○	○	○	○
	REC'D	○	○	○	○	○
NAME & ADDRESS	YEAR					
	SENT	○	○	○	○	○
	REC'D	○	○	○	○	○
NAME & ADDRESS	YEAR					
	SENT	○	○	○	○	○
	REC'D	○	○	○	○	○
NAME & ADDRESS	YEAR					
	SENT	○	○	○	○	○
	REC'D	○	○	○	○	○
NAME & ADDRESS	YEAR					
	SENT	○	○	○	○	○
	REC'D	○	○	○	○	○
NAME & ADDRESS	YEAR					
	SENT	○	○	○	○	○
	REC'D	○	○	○	○	○
NAME & ADDRESS	YEAR					
	SENT	○	○	○	○	○
	REC'D	○	○	○	○	○
NAME & ADDRESS	YEAR					
	SENT	○	○	○	○	○
	REC'D	○	○	○	○	○
NAME & ADDRESS	YEAR					
	SENT	○	○	○	○	○
	REC'D	○	○	○	○	○

NAME & ADDRESS	YEAR					
	SENT	○	○	○	○	○
	REC'D	○	○	○	○	○
NAME & ADDRESS	YEAR					
	SENT	○	○	○	○	○
	REC'D	○	○	○	○	○
NAME & ADDRESS	YEAR					
	SENT	○	○	○	○	○
	REC'D	○	○	○	○	○
NAME & ADDRESS	YEAR					
	SENT	○	○	○	○	○
	REC'D	○	○	○	○	○
NAME & ADDRESS	YEAR					
	SENT	○	○	○	○	○
	REC'D	○	○	○	○	○
NAME & ADDRESS	YEAR					
	SENT	○	○	○	○	○
	REC'D	○	○	○	○	○
NAME & ADDRESS	YEAR					
	SENT	○	○	○	○	○
	REC'D	○	○	○	○	○
NAME & ADDRESS	YEAR					
	SENT	○	○	○	○	○
	REC'D	○	○	○	○	○
NAME & ADDRESS	YEAR					
	SENT	○	○	○	○	○
	REC'D	○	○	○	○	○

X

NAME & ADDRESS	YEAR					
	SENT	○	○	○	○	○
	REC'D	○	○	○	○	○
NAME & ADDRESS	YEAR					
	SENT	○	○	○	○	○
	REC'D	○	○	○	○	○
NAME & ADDRESS	YEAR					
	SENT	○	○	○	○	○
	REC'D	○	○	○	○	○
NAME & ADDRESS	YEAR					
	SENT	○	○	○	○	○
	REC'D	○	○	○	○	○
NAME & ADDRESS	YEAR					
	SENT	○	○	○	○	○
	REC'D	○	○	○	○	○
NAME & ADDRESS	YEAR					
	SENT	○	○	○	○	○
	REC'D	○	○	○	○	○
NAME & ADDRESS	YEAR					
	SENT	○	○	○	○	○
	REC'D	○	○	○	○	○
NAME & ADDRESS	YEAR					
	SENT	○	○	○	○	○
	REC'D	○	○	○	○	○
NAME & ADDRESS	YEAR					
	SENT	○	○	○	○	○
	REC'D	○	○	○	○	○

NAME & ADDRESS	YEAR SENT	○	○	○	○	○
	REC'D	○	○	○	○	○
NAME & ADDRESS	YEAR SENT	○	○	○	○	○
	REC'D	○	○	○	○	○
NAME & ADDRESS	YEAR SENT	○	○	○	○	○
	REC'D	○	○	○	○	○
NAME & ADDRESS	YEAR SENT	○	○	○	○	○
	REC'D	○	○	○	○	○
NAME & ADDRESS	YEAR SENT	○	○	○	○	○
	REC'D	○	○	○	○	○
NAME & ADDRESS	YEAR SENT	○	○	○	○	○
	REC'D	○	○	○	○	○
NAME & ADDRESS	YEAR SENT	○	○	○	○	○
	REC'D	○	○	○	○	○
NAME & ADDRESS	YEAR SENT	○	○	○	○	○
	REC'D	○	○	○	○	○
NAME & ADDRESS	YEAR SENT	○	○	○	○	○
	REC'D	○	○	○	○	○

NAME & ADDRESS	YEAR					X
	SENT	○	○	○	○	○
	REC'D	○	○	○	○	○
NAME & ADDRESS	YEAR					
	SENT	○	○	○	○	○
	REC'D	○	○	○	○	○
NAME & ADDRESS	YEAR					
	SENT	○	○	○	○	○
	REC'D	○	○	○	○	○
NAME & ADDRESS	YEAR					
	SENT	○	○	○	○	○
	REC'D	○	○	○	○	○
NAME & ADDRESS	YEAR					
	SENT	○	○	○	○	○
	REC'D	○	○	○	○	○
NAME & ADDRESS	YEAR					
	SENT	○	○	○	○	○
	REC'D	○	○	○	○	○
NAME & ADDRESS	YEAR					
	SENT	○	○	○	○	○
	REC'D	○	○	○	○	○
NAME & ADDRESS	YEAR					
	SENT	○	○	○	○	○
	REC'D	○	○	○	○	○
NAME & ADDRESS	YEAR					
	SENT	○	○	○	○	○
	REC'D	○	○	○	○	○

YZ

NAME & ADDRESS	YEAR					
	SENT	○	○	○	○	○
	REC'D	○	○	○	○	○
NAME & ADDRESS	YEAR					
	SENT	○	○	○	○	○
	REC'D	○	○	○	○	○
NAME & ADDRESS	YEAR					
	SENT	○	○	○	○	○
	REC'D	○	○	○	○	○
NAME & ADDRESS	YEAR					
	SENT	○	○	○	○	○
	REC'D	○	○	○	○	○
NAME & ADDRESS	YEAR					
	SENT	○	○	○	○	○
	REC'D	○	○	○	○	○
NAME & ADDRESS	YEAR					
	SENT	○	○	○	○	○
	REC'D	○	○	○	○	○
NAME & ADDRESS	YEAR					
	SENT	○	○	○	○	○
	REC'D	○	○	○	○	○
NAME & ADDRESS	YEAR					
	SENT	○	○	○	○	○
	REC'D	○	○	○	○	○
NAME & ADDRESS	YEAR					
	SENT	○	○	○	○	○
	REC'D	○	○	○	○	○

NAME & ADDRESS	YEAR						YZ
	SENT	○	○	○	○	○	
	REC'D	○	○	○	○	○	
NAME & ADDRESS	YEAR						
	SENT	○	○	○	○	○	
	REC'D	○	○	○	○	○	
NAME & ADDRESS	YEAR						
	SENT	○	○	○	○	○	
	REC'D	○	○	○	○	○	
NAME & ADDRESS	YEAR						
	SENT	○	○	○	○	○	
	REC'D	○	○	○	○	○	
NAME & ADDRESS	YEAR						
	SENT	○	○	○	○	○	
	REC'D	○	○	○	○	○	
NAME & ADDRESS	YEAR						
	SENT	○	○	○	○	○	
	REC'D	○	○	○	○	○	
NAME & ADDRESS	YEAR						
	SENT	○	○	○	○	○	
	REC'D	○	○	○	○	○	
NAME & ADDRESS	YEAR						
	SENT	○	○	○	○	○	
	REC'D	○	○	○	○	○	
NAME & ADDRESS	YEAR						
	SENT	○	○	○	○	○	
	REC'D	○	○	○	○	○	

YZ

NAME & ADDRESS	YEAR					
	SENT	○	○	○	○	○
	REC'D	○	○	○	○	○
NAME & ADDRESS	YEAR					
	SENT	○	○	○	○	○
	REC'D	○	○	○	○	○
NAME & ADDRESS	YEAR					
	SENT	○	○	○	○	○
	REC'D	○	○	○	○	○
NAME & ADDRESS	YEAR					
	SENT	○	○	○	○	○
	REC'D	○	○	○	○	○
NAME & ADDRESS	YEAR					
	SENT	○	○	○	○	○
	REC'D	○	○	○	○	○
NAME & ADDRESS	YEAR					
	SENT	○	○	○	○	○
	REC'D	○	○	○	○	○
NAME & ADDRESS	YEAR					
	SENT	○	○	○	○	○
	REC'D	○	○	○	○	○
NAME & ADDRESS	YEAR					
	SENT	○	○	○	○	○
	REC'D	○	○	○	○	○
NAME & ADDRESS	YEAR					
	SENT	○	○	○	○	○
	REC'D	○	○	○	○	○

NAME & ADDRESS	YEAR					
	SENT	○	○	○	○	○
	REC'D	○	○	○	○	○
NAME & ADDRESS	YEAR					
	SENT	○	○	○	○	○
	REC'D	○	○	○	○	○
NAME & ADDRESS	YEAR					
	SENT	○	○	○	○	○
	REC'D	○	○	○	○	○
NAME & ADDRESS	YEAR					
	SENT	○	○	○	○	○
	REC'D	○	○	○	○	○
NAME & ADDRESS	YEAR					
	SENT	○	○	○	○	○
	REC'D	○	○	○	○	○
NAME & ADDRESS	YEAR					
	SENT	○	○	○	○	○
	REC'D	○	○	○	○	○
NAME & ADDRESS	YEAR					
	SENT	○	○	○	○	○
	REC'D	○	○	○	○	○
NAME & ADDRESS	YEAR					
	SENT	○	○	○	○	○
	REC'D	○	○	○	○	○
NAME & ADDRESS	YEAR					
	SENT	○	○	○	○	○
	REC'D	○	○	○	○	○

Y Z

NAME & ADDRESS	YEAR SENT	○	○	○	○	○
	REC'D	○	○	○	○	○
NAME & ADDRESS	YEAR SENT	○	○	○	○	○
	REC'D	○	○	○	○	○
NAME & ADDRESS	YEAR SENT	○	○	○	○	○
	REC'D	○	○	○	○	○
NAME & ADDRESS	YEAR SENT	○	○	○	○	○
	REC'D	○	○	○	○	○
NAME & ADDRESS	YEAR SENT	○	○	○	○	○
	REC'D	○	○	○	○	○
NAME & ADDRESS	YEAR SENT	○	○	○	○	○
	REC'D	○	○	○	○	○
NAME & ADDRESS	YEAR SENT	○	○	○	○	○
	REC'D	○	○	○	○	○
NAME & ADDRESS	YEAR SENT	○	○	○	○	○
	REC'D	○	○	○	○	○
NAME & ADDRESS	YEAR SENT	○	○	○	○	○
	REC'D	○	○	○	○	○

NAME & ADDRESS	YEAR					
	SENT	○	○	○	○	○
	REC'D	○	○	○	○	○
NAME & ADDRESS	YEAR					
	SENT	○	○	○	○	○
	REC'D	○	○	○	○	○
NAME & ADDRESS	YEAR					
	SENT	○	○	○	○	○
	REC'D	○	○	○	○	○
NAME & ADDRESS	YEAR					
	SENT	○	○	○	○	○
	REC'D	○	○	○	○	○
NAME & ADDRESS	YEAR					
	SENT	○	○	○	○	○
	REC'D	○	○	○	○	○
NAME & ADDRESS	YEAR					
	SENT	○	○	○	○	○
	REC'D	○	○	○	○	○
NAME & ADDRESS	YEAR					
	SENT	○	○	○	○	○
	REC'D	○	○	○	○	○
NAME & ADDRESS	YEAR					
	SENT	○	○	○	○	○
	REC'D	○	○	○	○	○
NAME & ADDRESS	YEAR					
	SENT	○	○	○	○	○
	REC'D	○	○	○	○	○

NAME & ADDRESS	YEAR					
	SENT	○	○	○	○	○
	REC'D	○	○	○	○	○
NAME & ADDRESS	YEAR					
	SENT	○	○	○	○	○
	REC'D	○	○	○	○	○
NAME & ADDRESS	YEAR					
	SENT	○	○	○	○	○
	REC'D	○	○	○	○	○
NAME & ADDRESS	YEAR					
	SENT	○	○	○	○	○
	REC'D	○	○	○	○	○
NAME & ADDRESS	YEAR					
	SENT	○	○	○	○	○
	REC'D	○	○	○	○	○
NAME & ADDRESS	YEAR					
	SENT	○	○	○	○	○
	REC'D	○	○	○	○	○
NAME & ADDRESS	YEAR					
	SENT	○	○	○	○	○
	REC'D	○	○	○	○	○
NAME & ADDRESS	YEAR					
	SENT	○	○	○	○	○
	REC'D	○	○	○	○	○
NAME & ADDRESS	YEAR					
	SENT	○	○	○	○	○
	REC'D	○	○	○	○	○